贝思福考察记

［英］查尔斯·贝思福◎著

韩成才◎译

中国文史出版社

出版说明

1840 年，鸦片战争打开了中国闭关锁国的大门，大量外国人来华，或居住，或经商，或考察，或传教，或工作。他们中的很多人记录下了在华的经历和所见所闻所感。

翻阅这些浸染着岁月沧桑的文字，我们可以看到从一个别样的视角描述的中华辽阔的大地、壮美的山河、悠久的历史，当然，还有贫穷落后的社会和苦难深重的人民。我们选择其中"亲历、亲见、亲闻"性的文字及历史图片资料，比如裴丽珠女士的《北京纪胜》、利特尔先生的考察记《穿越扬子江峡谷》、乔斯林勋爵的《随军六月记》等等，编辑本丛书，以期为了解、研究近代中国提供助力。

这些异域的作者，由于不同的文化背景与生活背景，在给我们带来观察、审视近代中国别样角度的同时，也或多或少失之因缺乏对中国社会历史文化的深刻了解而产生误会与误读，甚至是偏见。虽然，本丛书重在采择"亲历、亲见、亲闻"的叙述性文字，对整章整节等大量议论、评价类文字进行了删节，但作者的观点和情感常常是渗透在文章的字里行间的，请读者在阅读过程中予以注意。

此外，有些作品中的地名、人名是作者根据当地百姓的口语发音记录下来的，时至今日已不可考，所以在翻译过程中只能根据语音翻译，特此说明。

编者

2018 年 8 月

前言

　　一个有着四亿人口的大国，如果分裂，将是历史上从未发生过的大事。联合商会主席委托我到中国考察。坦白地讲，我在处理考察任务时，并没有抓住解决问题的关键。解决问题，需要清醒的思考和果断的行动。而我们最近在处理远东难题的时候，已经缺失了这种品质。我的报告，主要处理的是贸易和经济问题，但是也会涉及一些政治问题，考察的内容，也会超出任务范围。撰写报告，也避不开与经济相关的一些问题，比如国际事务、种族、政治纷争等。去年，人们还争论"门户开放"和"势力范围"的优点和缺点。对这一问题，英美两国的民众，至今还有点困惑。

　　通过实地考察我认识到，为了盎格鲁－撒克逊人的荣誉和利益，必须维护中国的完整。我希望英美两国的民众，在全面了解实际情况以后，也能认同我的观点。

　　发生在北中国的一些事情，影响了英国外交和贸易的声

3

誉。不过，还有一些国家，因为强迫中国投降、从中国强征租界，从而信誉扫地。与他们相比，英国声誉受到的影响还是比较小。我们一贯的政策是善待弱国。但是，最近在远东地区，我们没有贯彻这一政策，而是利用中国官员的无能和人民的贫困，谋取利益。因此，中国开始不信任英国，这在情理之中，也是必然结果。

我们现在的行为，一定会给中国带来厄运，引起国际冲突。要想通过势力范围制度，确立在亚洲的统治权非常困难。自由、公平的交易原则和机会均等原则，简单直接，深受人们欢迎；也成就了我们今天的地位。如果我们下定决心，努力实施这些原则，那么，不仅能维护中国的完整，也能比现在的策略获得更多的利益。我们现在的策略，不是我们自己的，而是别人的策略。除非找到一个能切实解决远东问题的方法并付诸实施，否则，一定会发生战争，西方文明世界必定陷入冲突之中。

我知道，这份报告还有很多不足之处。不过，这份报告唯一的优点是我尽心尽力地调查，并提出了一些建议。按照这些建议，可以避免战争；同时，不仅将为英国，也将为所有盎格鲁－撒克逊人的贸易利益，提供安全保障。

目录

导　论

1898 年 8 月 1 日，联合商会主席给我来信，委托我去中国调查。经过彻底调查，我获得了关于中国贸易的大量信息。我相信，欧洲和美国的商业阶层，对这些信息会很感兴趣。

　　这份报告，不是一篇文学作品，仅是简要陈述一些有用的事实。我的能力有限，对一些高深的财政和商业问题，只能做常识性判断。我尝试与在中国的商人深入交流，了解他们关心的问题。他们给我提了一些建议，我试着分析他们为什么会这样想。

　　我于 1898 年 9 月 30 日到达香港，开始中国之行；1899 年 1 月 9 日，从上海离开，结束了中国之行。在考察期间，我参观了英国人居住的地方。这些地方都设有商会，所到之处，必定会召开会议。从而，我知道了他们的想法，也收到一些纪要（详见附录）。我把这些纪要以地方命名，汇集成篇。

除三支不成样的军队外，我参观了中国的所有军队。并且，为了了解军队的效率，经过将军们许可，我还考察了军队的训练情况。

我考察了中国所有的炮台、兵工厂（有一处未到）、海军和陆军学校，也考察了中国的两支舰队——北洋舰队和南洋舰队，还考察了一个船厂。

上述考察结果，我全写在了报告中。不过，中国政府以诚相邀，请我考察所有海军和陆军，请我指出军队在效率方面的缺点，要求我提出建议，以改正这些缺陷。因此，出于对中国政府的尊重，一些效率问题，在报告中没有完全披露。但是，报告中的大量材料表明：中国目前的情况，不能为英国贸易将来的发展，提供安全保障。

在北京，我与总理衙门会晤了两次；还拜访了庆亲王和李鸿章总督。

八大总督，我拜访了六位。

英国商人在商贸方面颇具实力，而我又是他们的代表。所以，所到之处，从朝廷大员到各级地方官吏，都对我礼遇有加。

我所见到的中国人，对英国和英国人民，都充满善意。他们还特别感谢英国联合商会，能派我到中国来考察。

虽然我的使命是考察商务，但是我发现，不可能无视政治事件。在中国，商业和政治问题交织在一起。因此，我努力在报告中阐明：商业在未来的成功和繁荣，完全取决于如何处置当前的政治问题。依我浅见，英国政府现在采用的政治策略，将决定英国贸易未来在中国的命运。在中国的所有英商团体，极力赞成我的看法。

关于将来在中国的贸易发展，日本和美国的利益与英国一致。为了获取不同商会对这个重要问题的意见，在归国途中，我绕道这两个国家。调查结果，我也写在了报告中。

我通过亲自观察和调查，去发现事情的具体情况，以说明报告中的观点。

在报告中，我给自己划了一个范围，只考察那些能从整体上影响英国贸易的事情。当然，报告中也会涉及一些个别行业，那是因为，它与其他的英国贸易利益连在一起。在报告中，我也列举了少量贸易统计数据或报告。这些内容，要么来自合格的领事报告，要么来自中国海关的统计数据，要么来自布莱克本商会那份珍贵的报告（1896－1897年）。

我询问过许多中国官员，请他们讲讲英国的商贸问题。这些会谈纪要，以地方名称为标题列在报告中。我利用一切机会，会见对贸易感兴趣的各国代表。我会见过来自俄国、法国、德国、美国和日本等国家的领事、商人和工程师等人员。我按照使命要求，尽力向这些人员传达我们的友谊，并且向他们表明：英国奉行的门户开放政策，不是为了一己之私，而是会平等地惠及所有国家的贸易。

在促进各国友谊方面，我做得很成功，有例为证：在我离开中国前一天的晚上，上海所有的外国社团，设宴为我送行。这些社团当时就通过了一个决议（详见附录），这表明，他们对我的使命，充满敬意，也很感兴趣。

由此看来，有两类对中国感兴趣的人，会看我的报告，一类是已经在中国投资的人，一类是打算往中国投资的人。不过我知道，这两类人的兴趣，有时会不一样。我遇到过一位商人，他说："讲话要大胆"；而我遇到的一位投资家，却说："说话要谨慎"。然而，我的责任却很简单——说真话。我在中国还会见过各个商业阶层的代表，我把他们的观点，以及支持他们观点的理由，尽可能准确地记了下来。

以下这些人给了我很大帮助，敬请联合商会感谢他们：

汇丰银行的总管托马斯·杰克逊先生。在汇丰银行的各分理处，先生都会做提前安排，方便我的考察。

海关税务司前任司长卡特莱特先生。他陪同我考察了长江流域。先生精通中国语言，熟悉中国国情，帮我成功地会见了几位总督和一些官员。

我接触过的所有英国领事，特别是布雷南总领事、伯恩领事、弗雷泽领事和霍西领事。

中国铁路首席工程师，负责北京—天津—山海关铁路的金达先生；太古洋行和怡和洋行，他们派遣轮船，供我随时使用。

联合商会也应该感谢我的秘书罗宾·格雷先生，感谢他在整个行程中的不懈努力和辛勤工作。我的考察之行，遇到了许多困难——我的另一个秘书麦克唐纳先生，由于患热病，几乎死在汉口；迫使我在行程最重要的阶段，只得把他留在身后。正是遭遇了这些不幸，报告才迟迟不能提交，敬请各位谅解。

第一章

北　京（居民约130万人）

我于 1898 年 10 月 16 日到达北京。在此地，有人说我是一名来自英国政府的特使，这是一种误解。我对在北京的所有大使表达了我的敬意，清楚地表明了我的身份。我向他们讲解了联合商会主席斯坦福给我的证明文书。文书中说，要我就英国商贸将来在中国的发展、整体安全情况，写一份报告。

　　在拜访俄国公使帕夫洛夫时，他告诉我：自俄国占领旅顺港以来，几乎所有国家都派官员参观过此港，而英国却没有这样的打算，他感到很遗憾；如果我能抽时间去参观旅顺港，他会很高兴。

总理衙门

　　按照约定，10 月 20 日我参观了总理衙门。衙门人员在门口举行隆重仪式欢迎我的到来，并将我领入大厅，引荐给总理衙门的首领——庆亲王。有人告诉我：衙门的所有成员都参加迎接仪式是平常惯例。在东方礼节中惯有的寒暄之后，我告诉庆亲王：我绝不是一位英国政府代表，而是受英国联合商会委托，来到中国，考察英国贸易利益的境况。

亲王阁下和总理衙门的其他成员，言谈之间，对英国很友善。他们说：他们知道英国主要的兴趣是贸易；多年来，英中两国一直有互惠的贸易往来。

我告诉他们：英国国内渴望发展与中国相关的贸易，主要担心资本的安全和既有特权的保证，所以对于未来的发展，很是担忧。

中英两国，以前签过一些条约，它们能保护和促进商贸。而中国以前却无视这些条约，所以，商人们很担心。

我对亲王阁下讲：主要的贸易国，有权提出要求保护自己的商贸。然而，除非中国自己能够掌握一个军队和警察组织，用于保护商贸安全，否则，外来国家为了确保商贸安全，势必采取一种被描述为"势力范围"的政策。我进一步指出：最近英国商界，实际上是所有英国人，期望获得以下额外优惠待遇的任意一种：要么是领地权——势力范围；要么是受保护国。商业团体殷切期盼的是，获得贸易自由，以及持续的贸易机会，但并不是自私地仅为英国，而是认为，世界上所有的国家，都应享有平等的权利和特权，换句话说，就是"门户开放"。

为了使上述观点更有说服力，我给亲王讲：中国应该保持国家的完整。并补充说：假如中国分裂了，欧洲国家为了保护贸易，势必采取势力范围政策，那么，这些国家会相互恼恨，发生不希望看到的混乱，不过，中国肯定衰落。

庆亲王说：总理衙门的所有成员，非常感激我的意见。但是，他问我怎样做才能把商贸保护得更好。

我告诉庆亲王：只有彻底重组中国的军事力量，使它成为一个整体，才能真正有效地保护财产。现在这种由地方军队构成的军事体系，一再显示起不到任何作用。现在，有大量的财产被毁、许多传教士和其他人丢失性命，都是因为缺少一支有效的军事力量。这些生命和财产损失，已经给中国政府带来了巨大的麻烦，政府也被迫做出了巨额赔偿。假如中国政府把这些赔偿额的十分之一用于军事体系，那么，也不会有上述损失。

另外，我还讲道：假如把投于地方军事的财力，用于重组中国军队，那么，中国不用向百姓增加任何税收，也能组成一支二十到三十万人的军队。

庆亲王回应道：改变传统的地方军事建制以维持中国社会秩序，现在做不到。我讲道：最近的中国舰队是一个鲜明的例证，可以用来说明地方军队的成效。假如北洋和南洋舰队，统属于政府，归属于一个指挥官或军事体系，那么，日本在最近的海战中，不可能毫不费力而大获全胜；并且，中国现在的政治和经济，也不会这么糟糕。

亲王和他的下属开始讨论我的观点，我得知，其中一些人完全赞同我的观点。

然后，我讲道：英国在中国对外贸易中，占有 64% 的份额，自然非常关心安全问题。由于中英两国的关系友好，此事可行——为了实现军事重组计划，中国政府向英国政府申请援助，然后，英国政府派一个军官来帮助中国整顿军队。不过需要说明，我在选派军官方面，没有任何权威。只是出于对中国的友好感情，考虑到英国贸易利益，我才提出这个建议，希望能补救现在糟糕的态势。

我提醒亲王：有一些英国公民也为中国工作，中国政府已见识过他们的诚意和做事的效率。这里我指的是戈登①和罗伯特·赫德②先生。戈登帮助清王朝确保王位不失；赫德先生，用他的才华和出色的海关管理能力，为整个中国创造了仅有的、切实可用的资产。

这里的一些大臣说：尽管实施起来会有困难，但是，他们还是同意我的意见。他们也称赞了戈登和亨特先生。在此，讲一件有意义的事。和一些总督和高官会晤、交谈时，他们经常会问我，是否知道亨特先生对此问题的看法。这种对亨特先生的充分信任，自然使国内同胞感到自豪和满足。

我进一步讲，如果中国政府认同这个观点，最好能请那些和中国有大量贸易往来的国家，提供一些在职和退役军官，和

---

① 查理·乔治·戈登为英国人，在第二次鸦片战争时期来到中国，后在清政府镇压太平天国时，指挥"洋枪队"参与镇压。

② 罗伯特·赫德为英国人，曾任清政府海关总税务司达半个世纪之久，他是英国侵华的主要代表人物之一。

英国人一起重整中国军队。

亲王说，他们已经聘请了一些德国军官来训练部分军队；从英国聘请了一位海军将领——郎上校，来重组舰队。他们的工作很出色，中国政府非常满意。

亲王重复说道：总理衙门认为我的建议非常好。过一段时间，我们可能会再次会面。到那时，他们就有时间仔细考虑我的建议。他说：总理衙门对英国的真实意图感到满意，知道英国不是为了领土，而是为了促进贸易的发展。

这次会谈持续了三个小时，以东方惯有的礼节结束。

在 10 月 22 日，庆亲王和一些总理衙门人员，到英国领事馆来拜访我，对我大加赞扬。

庆亲王直接提到先前的会面，并且说：他们已经见过皇帝和皇太后。两位认为我的建议很好，为商贸提供合适的保护，也是为了中国的利益。

他们告诉我，一个特别敕令在前一天已经发给了张之洞阁下——湖南和湖北总督，命令他从军队中选出 2000 人，由英国军官训练，作为重整军队的一种尝试。这些军队一半是汉族人，由张之洞总督直接管辖；其余 1000 人是满族人，由荆州将军祥亨管辖。

庆亲王说：对这 2000 人的军队进行训练是一个尝试，如果成功，将会在全国推行。我对亲王说：我绝对没有经过政府授权委任，也不是这件事的负责者，我仅仅是为了贸易而提出这个建议。总理衙门所要采取的任何行动，必须通过合适的途径，也就是说，要通过外交途径来办理。

庆亲王说：总理衙门打算把他们的想法，立即告诉英国大使唐纳德先生。并且，像给张之洞总督发敕令一样，会电告在伦敦的中国驻英大使罗丰禄。

庆亲王说：他们将电告张之洞，我很快会到长江地区访问，命令他和我协商这件事。

我答道，能与张之洞总督会谈，我很高兴，但是这事必须由两国政府协商才能确定下来，我无权干涉。

会谈以庆亲王的感谢结束，他说：总理衙门把我看作中国的朋友。

离开北京以来，我和庆亲王一直相互联系，并且收到过他的来信。

来自英国使馆的福尔德先生，是这两次会谈中的翻译，工作做得非常好。在他的帮助下，使总理衙门认为，我的建议只涉及贸易问题，不具政治色彩。

由来自英国使馆的人员做翻译，是明智的做法。这是因为，在东方，语言交流不畅一直是产生重大误会的原因；另外，通过这种方法，我和北京官员之间交流的内容，英国公使也能知道。

荣禄阁下

在北京期间，我拜访了荣禄阁下。他是中国现在最有权势和影响力的人物之一。

他和我就访问总理衙门一事交换了意见。他说：重组中国军队，由英国和外国的现役和退役军官负责训练，这一建议已被接受，即将施行；一份敕令已经送达张之洞阁下。荣禄阁下最渴望的事情是，我能给他一个详细的实施计划。不过，我向他说明：这一建议只代表个人观点，所有计划细节，需要由两国政府来讨论，而不是通过个人。在他有这样的认识后，我答应做这件事。

我对荣禄阁下解释说：很自然，英国渴望帮助中国，不过，与其说是为了中国的利益，不如说是为了英国的贸易利益。

荣禄阁下问我一个较为直接的问题：如果中国把全部军队交由英国军官掌管，当中国和其他列强之间发生争执时，英国是否会帮助中国？

我答道：不仅我个人不愿介入任何政治问题，而且英国最不愿意做的一件事，就是把自己牵扯进国家之间的争执。我问荣禄阁下：我是否能参观北京及其周围的武备情况。阁下回复说：如果你看到的军队是训练有素的精兵，我很乐意；而你参观两支由苦力组成，且军事素养不高的军队，则没有任何用处（所见军队情况，写在其他章节）。

临行之前，阁下请我在北京再多待几天，再次去拜访庆亲王和总理衙门，就组织中国军队问题进一步谈谈具体细节。我答道：这事我做不到，如果总理衙门慎重考虑此事，那么合适的办法是和英国大使商量，而不是和我商量。

我也拜访了胡芸楣阁下，他是铁道主管和北京地方主官，是最为精干、开明的清政府官吏。他声称自己对英国非常友好，并且说：如果中国通过铁路对外开放，一定会给中国带来利益，也会给其他所有国家的贸易带来好处。然而，他非常关心中国的未来，并说道：鉴于中国发生骚乱，欧洲国家很可能会以此为由，分割大片领地作为生命和财产损失的赔偿，而以中国目前的状况来看，还缺乏力量阻止这些事情。因此，他殷切希望中国政府，在短期内能建立一支有效的军队。

　　很大程度上，他的焦虑源于当时发生的一起事件。两名英国工程师，在丰台附近测绘线路时，受到甘肃军队激烈的殴打和射击。

　　在北京时，我拜访了李鸿章阁下，他已垂垂老矣（谈话内容不在此报告之内）。

　　我拜访了海关总税务司赫德先生，以及他的副手布莱登先生。我们谈了香港地区税务管理的事（这次谈话内容，写在报告“香港”那一章中，此不多述）。

　　赫德先生表达了一个观点：如果中国建立一支有效的军队，用于保护国家的贸易利益，无论对商业和贸易，还是对中国自己，都非常有益。

　　通过与中国官员、外国人，以及在北京的英国人交谈，一个看法直接呈现在脑海中：英国的威望低于俄国。我从不向任何重要的中国官员提出有利于盎格鲁－撒克孙人商贸安全的建议，他们也没有问过关于俄国影响的问题。

现在，中国人都说——英国害怕俄国。每当我对这样的看法表示惊讶时，正与我交谈的人会讲这些事：当俄国命令日本退出高丽、山东半岛时，英国不敢支持日本；俄国成功阻止了英国增加贷款给中国；大连湾、旅顺港，以及山海关铁路事件。

一个优秀的银行官员，用一句话简洁地总结了这种情形，他说："英国贸易，在中国外贸中的比重是64%，而英国在中国的影响力，与贸易比重成反比。"

第二章

天　津（居民约1000000人）

贸易统计数据

1879 年天津的贸易总额是关平银 55059017 两，约 8000000 英镑。

1879 年船运货物总量是 1326663 吨，其中英国承运 574177 吨。

我于 1898 年 10 月 15 日到天津，很快就参加了一个商会会议。商会主席迪金森先生是一位英国商人。会议开始以后，主席首先代表商会，向伦敦联合商会致谢，感谢他们派特使到中国来考察商贸。

商会激烈地反对所谓"势力范围"政策，并且声明：未来天津贸易的保证，和门户开放政策一样，将完全有赖于维护中国的完整。

他们也指出：天津是北中国和东北一个巨大的货物贸易和集散中心；也是直隶、山西、甘肃省，以及河南部分地区、山东北部以及蒙古的东西两部天然的出海口。

贸易

海关报告证实，天津贸易额在稳定持续地增长。

但是，由于绝大多数国外货物，在上海交进口税，交到天津的只是一少部分，因此，这些报告，对港口贸易额的统计不完整。

1888 年，天津在税收额是关平银 591494 两，约 84499 英镑；1897 年是关平银 973000 两，约 139000 英镑，9 年内增长了 65%。

1887 年，天津进出口货物的总价值是关平银 32724499 两，约 4674928 英镑。十年之后的 1897 年，总价值达到 64644211 两，约 9232030 英镑，增长了 90%。

天津贸易的持续繁荣，完全离不开英国商人的付出。他们投入了大量的人力、财力，也经受了许多挫折。正是依靠他们的能力，才打开了中国的大门。

资本的投资量很大，到现在为止还在不断增长。这可以由如下事实证明：18 年前，天津还没有一家银行，现在则有四家：1. 创办于 1881 年的香港上海汇丰银行；2. 创办于 1890 年的德华银行；3. 创办于 1895 年的印度、澳大利亚、中国渣打银行；4. 创办于 1897 年的俄－华银行。

上述四家银行在天津的分理机构，资金总额约 8000000 两白银，合 1100000 英镑。

进出天津的大部分货物，都由外国船只承运，而且主要是英国货船。

港口有沙洲，妨碍通航。这些货船，为了这里特别的贸易，不得不进行改装，因此，与一般港口的货船相比，成本就大幅增加。

英国商会

在天津的英国商会会员，写了一份纪要，要求我把它呈交给联合商会，内容如下：

"英国政府的一些政策正在影响中国。长期以来，天津商会一直认真地遵循英国政府的政策行事。由于签订了《天津条约》，天津的贸易才繁荣起来，现在有人违背条约规定，他们很担心。他们认为，英国在北中国的处境很糟，而政府的策略不明确，即使不是全部原因，也是主要原因。这也表明，政府完全忽视了，或者是没有清楚地认识到：她的影响范围以及其他利益正处于危险之中。因为有相关条约做保证，我们才毫不犹豫地在中国投资。但是，中国北方邻居对条约的侵犯，使我们感到，未来的发展充满了风险，也担忧以往投资的安全。"

这些言辞令我吃惊，我请他们举一些实例，以转达给联合商会。

天津商会中两个主要的英国商人，结合自身经历列举了一些事例。两人告诉我：他们有一些资本，渴望投入中国，但是，只会在英国公布明确的政策之后，才会投入。他们认为，山海关铁路事件实际上表明，英国政府已认可俄国政府，有干涉纯粹的经商企业的权利。这一事件，使北中国的资本家，完全丧失信心。

所有在天津的英商团体，完全赞同上述意见。

此外，还有一位代表，来自资产约140000英镑的大沽拖驳公司。他告诉我，尽管他们需要投入大量资金，用来改进驳船系统，但是，俄国在北中国的地位，会使环境动荡，他们也就认为，公司不能再轻率地多投一分钱。

几名英商还告诉我：俄国在北中国的威势，无人能遏止，她随时会造出使资本贬值的势态，所以，他们将不会再投资。

他们说道，发生在北中国的事件，导致他们缺乏信心。而这种信心，对金融和商业企业、对商业贸易的发展都至关重要。

商人们还对现在的贸易安全，甚为担忧，理由如下：

大宗贸易，如羊毛、牛皮、皮草、猪鬃等，主要来自兰州，西藏和西宁边缘地区，以及东北地区。这些货物可直接通过黄河，经北京管辖的高平口和南口两个关口而来。这两个关口以南，几百公里以内都没有关口。现在，这些货物是穿过上述关口，汇集于天津，但是，统治北京的力量，却能把它转移到北方。

商人们指出，修建铁路经常会使贸易改道，不过那是一个缓慢的过程，并且，英国也会参与修建铁路的竞争。但是，他们对未来非常担忧，因为现在俄国有绝对的军事优势，在几年内，有能力使贸易突然改道。

商人们的这些看法，给我留下了深刻印象：北方地区不发达，为当地居民提供自由出口产品的便利设施，以促进他们的购买力，是必须要做的事情。在东北的贸易通道，原本是盎格鲁－撒克逊人所建，而现在北方的一个敌对势力，却会很容易地改变它。

商人们表示，在一个公平或门户开放的环境中，贸易途径转移，会因修建铁路或合法竞争而发生，而他们已做好准备，会直面任何困难。

如果《天津条约》被忽视，并被势力范围政策所替代，他们将为被牺牲的利益而极力抗争。

他们解释说，他们所有的贸易，几乎都是来自遥远的内地和东北；在北方和西方，他们的精力、公司和资本，使这些地区变成了宝贵的资产，并且为当地贸易找到了海外市场。任何对中国部分领地的转让，或者，这些地区对外依靠一个能设置贸易壁垒、强征关税的势力，将完全破坏他们的贸易；并且，英国、美国、德国和日本的重要的工业中心，都会感受到资源供应的减少。

他们声称，对他们的贸易来说，门户开放政策不仅是一种保证，也是一种保护。如果能实施门户开放政策，他们对未来也就不再担忧。

他们交给我一份纪要，由我转呈给联合商会（参阅附录）。

中国官员

在天津的中国高官，热情地招待了我。他们到火车站迎接；为了让我感到舒适，在火车和轮船上做特别安排；去往北京、唐山等地时，常有一人陪同，且赞颂之词不断。

在天津期间，我还会晤了裕禄总督与李道台。他们知道我是联合商会的代表。两位表达了对英国的友好，他们讲：他们非常担忧中国的未来；现在的中国很无能，而欧洲各国正在利用这点，恃强凌弱，让中国默许一些计划，但是，中国自然会反对这些计划。

他们说：俄国坚持要中国给予特权，中国无力拒绝。而英国又直接质问为何给予俄国这些特权，并提出要求：要么中国做出巨额赔偿；要么和俄国享有一样的特权，中国同样无力拒绝。

我告诉他们：在目前情况下，我只看到了中国的分裂；并且对这种现状，给出了我的解释。他们答道：他们欣赏我的坦诚，打算把我对时局的看法，汇报给合适的政府部门。他们完全清楚：我的意见，只与盎格鲁－撒克逊人商贸有关，涉及它未来的发展和安全，与其他无涉。

我发现，天津的英商和德商，关系十分和谐。我受到德国商人领袖的款待。在那里，我会晤了各国在天津的重要商人。德国商人说：最初，是盎格鲁－撒克逊人利用自己的人力、公司和资产，在中国创建了一个贸易平台，并向各国开放，对此，他们表示非常感激。

第三章

唐　山

我从天津乘火车，经山海关铁路，于 1898 年 10 月 25 日到达唐山。这条铁路，由一位精明能干的英国工程师——金德先生设计和建造。

　　描述一下这条铁路以及它的延伸建设计划，是十分有益的事。因为，修建铁路的资金，由一家英国公司筹集。英俄两国，在中国政府授权的募资抵押物问题上，有严重误会，使这条铁路引起了公众的广泛关注。

　　从天津到中后所的这段铁路已经通车，全长 300 公里，距长城 40 公里；延至锦州的 76 公里铁路，不久也要通车。

　　中国政府以铁路做抵押，募集了 200 万到 300 万左右的英国资金，投入到牛庄段铁路的修建。

　　由于俄国强烈的抗议，中国政府改变了预定的抵押方案。英国人资金的抵押物，不是原计划中的铁路，而是铁路修成后的运输收益；不过，铁路支线所用的工程师和财务人员，可以是英国人。

中国政府与英国公司达成协议：从锦州到新民屯，修一条长112英里的铁路，作为山海关铁路的延伸。除此之外，还打算修建两条支线：一条长55公里，靠近牛庄，在广宁和营口东南方向约10公里，位于主线的两个连接点之间；另外一条支线，是从西伯利亚到南平煤矿，距锦州东北30公里

将来打算在新民屯附近的辽河上建桥，把铁路延伸至奉天；这条铁路会向北连接到俄国的铁路主线，距离辽河约30公里。

中国铁路轨道标准是4.85英尺宽，俄国的轨道宽5英尺。

铁路整个延伸部分，自锦州段起，将是如下情况：

到南平煤矿……………………30公里

从锦州到营口连接处…………45公里

从连接处到新民屯……………67公里

从连接处到营口………………55公里

合计197公里

南平的煤田非常大，且质量上乘。广宁的煤矿和铁矿储量也十分丰富。这些矿区，有这些优点：矿藏质量好；靠近海岸；气候适宜；劳力充足。这就引起一个问题：不远的将来，在任何与此相似的中国矿区，我们能否像在唐山一样，从中获利？

在金德先生的陪同下，我参观了唐山的工场，在这里，我

了解到如下情况：

工场和机车的统计数据

在唐山铁路工场中，当地雇佣工人大约有 1000 人，每年共需付工资 11000 英镑。

外国雇员共有 6 人，分别是机车监督 1 人、会计 1 人、绘图员 1 人，仓库保管员 1 人，车间工长 1 名，锅炉工 1 人，每年共需支付工资 1866 英镑。

年平均建造机车数量：

10 吨载量货车 ················· 146 辆

20 吨载量货车 ················· 216 辆

一等客车 ····················· 10 辆

二等客车 ····················· 28 辆

守车（8 轮） ················· 10 辆

改装 15 吨载量货车 ············ 8 辆

改装 20 吨载量货车 ············ 4 辆

工场的运行成本，包括矿业公司租金、水、气、燃料和国内外工人工资，每年大约需要 14100 英镑。

按照现在的机械装备来看，唐山工场大约值 48000 英镑。

工场车间的面积是 1015 平方码。

整个工场的面积有 17 英亩。

工场每年消耗的煤炭数量：

5 等煤　　　　　　　16 吨

9 等煤	50 吨
5 等煤粉	200 吨
9 等煤粉	2234 吨
1 等焦炭	186 吨
2 等焦炭	151 吨

从天津到中后所这段铁路，长 213 公里，机车部门的统计数字，就来源于这段铁路。

火车头主要用的是达布斯的，来自英国的格拉斯哥工厂；其余来自美国的鲍德温。

平均每月有 36 辆火车头在运行。

英里数：

列车	42453 公里
调车	15150 公里
施工	9666 公里
空车	142 公里
机车运行总里数	67411 公里
煤炭消耗量	3681683 英担

每辆机车每公里煤炭消耗量　54 英担

机车工作情况：

1. 本地司机和清洁工等雇工工资，包括加班工资：白银 2290 两 = 324 英镑

2. 外国监察员和司机的工资，包括加班工资：白银 940 两 = 133 英镑

3. 燃料：白银 5225 两 = 740 英镑

4. 备用或补给：白银 316 两 = 44 英镑

5. 润滑剂（外国和本地油料）：白银 750 两 = 106 英镑

6. 外国官员和职员等人员的三分之一工资：白银 520 两 = 75 英镑

总计：1422 英镑

机器修理：

7. 车间修理机器材料费用：白银 1778 两 = 251 英镑

8. 车间修理机器人工工资：白银 1578 两 = 223 英镑

9. 蒸汽间储存消耗：白银 121 两 = 17 英镑

10. 杂佣：白银 274 两 = 38 英镑

合计：529 英镑

运输部门总共消费：1951 英镑

每公里花费（英国货币标准）

1898 年 10 月 31 日	运行花费				第 7、8、9、10 项，维修总费用	维修和运作总成本
	第 1、2、6 项	第 3 项	第 4、5 项	运作总费用		
过去六个月，每月花费减少量	英镑：0 先令：0 便士：1 $\frac{3}{4}$	英镑：0 先令：0 便士：2 $\frac{3}{4}$	英镑：0 先令：0 便士：$\frac{1}{2}$	英镑：0 先令：0 便士：5	英镑：0 先令：0 便士：1 $\frac{3}{4}$	英镑：0 先令：0 便士：6 $\frac{3}{4}$

在过去的 12 个月内，有 4 辆火车头更换了锅炉管道，5 辆更换了火箱，2 辆更换了锅炉。

在中国，锅炉管道的使用寿命是 2 年，锅炉是 15 年，火箱是 5 年。

现在还在工作的火车头，最老的是"中国火箭号"，由唐山修车厂制造于 1880 年。

最早的进口车头，来自于英国纽卡斯尔的斯蒂芬森，于 1883 年进口至中国。

我发现，金德先生现在使用的车头，来自美国鲍德温的工厂。我问金德先生，为何不用英国生产的机器，他告诉我：他曾向几家英国公司申请订购，但是，要么是价格，要么是时间不符合他的要求。英国机器，每台 2800 英镑，需要两年时间才能交货。美国机器，每台 1850 英镑，四个半月就能交货。

他说，美国的机器虽然不够好，但是非常符合他的需求。在各种机器配件用料方面，美国人用钢替代紫铜和黄铜；英国人把车轴转过来，为车轮加一个轮毂；

美国人则简单地用螺丝把轮毂固定在车轴上。

金德先生自己正在制造车头，估计每辆车头的成本是 1600 英镑。我看到，第一辆车头即将完工。除了轮子和车轴，机车所用配件，都是他自己制造。他所面临的最大困难是缺少熟练工。

整个中国北部铁路所用的联合器，都是美国生产的自动联合器，成本是每车 10 英镑。

从北京到山海关的铁路（长 300 公里），每公里成本 6000 英镑，包括诸如车辆、工场等所有设施与费用。这条铁路铺设到卢沟桥，用的是 85 磅的钢轨。从天津到中后所 30 公里，用

70 磅的钢轨，其他铁路用的是 60 磅的钢轨。所有这些铁路，都是由桑德伯格设计和检测。现在，这些道轨已使用了 5 年。

我得到上述数据，详细记在这里，是因为这些数据，对那些有意于中国铁路事业的同胞非常有用。除了上海和吴淞之间的那 17 公里铁路以外，上述数据，说明了中国唯一铁路的原始成本、经费、维护和保养。

唐山煤矿

我参观了唐山的煤矿，煤矿现在日产 2000 吨，将来可能会更多。这个煤矿的利润很高，十年之前已收回成本。

煤矿雇用了 1000 名工人，由欧洲人领班，中国人成了一流的矿工。在竖井口，每吨煤的成本是 9 到 12 先令。

我看到，煤矿正在挖掘一个新的井道，最终将有 1500 到 1700 英尺深。德国人获得了这份合同，包括这个井道和相关机器设备。尽管他们的要价比英国人贵 2000 英镑，但是，有人告诉我，这是为了增进英德之间的友谊。

我发现了煤矿的一些详细情况：

1896 年产量	488540 吨
1897 年产量	538520 吨
1898 年产量（估计）	650000 吨
自开矿起到 1989 年总产量	4524119 吨

上述产量，是公司在唐山和林西两地的产量。

块煤大约占 35%

粉煤大约占65%

焦煤产量：1895 年　　11136 吨

　　　　　1896 年　　24097 吨

　　　　　1897 年　　29428 吨

注意——迄今为止，这里没有严格按照欧洲人的方法生产焦煤。

包括矿井上面，这里平均用工数量在4000 到5000 之间。

唐山有三个矿井：

第一个：　深600 英尺

第二个：　深300 英尺

第三个：　深1300 英尺

现在正在挖掘的矿井，最终会达到1500 或者1700 英尺的深度。

矿井每分钟抽水80－100 立方尺。

林西煤矿，靠近古冶，每日产煤约450 吨，矿井深300 英尺。

第四章

牛　庄（居民约6000人）

贸易统计数据

1897 年贸易总额为关平银 26358671 两，合 37000000 多英镑。

1897 年船运货物总量为 730964 吨，其中英国承运 363922 吨。

我于 1898 年 11 月 4 日到达牛庄。到达之后，许多英国人来
迎接我。联合商会专门派代表到中国来，考察英国贸易状况，
以及未来在东北地区的安全问题。他们非常感谢联合商会。

他们声称，自己对未来要保持警惕。俄国的军队已驻扎在
东北各地，因此他们认为，东北成了俄国的一个省份。

他们说：尽管俄国现在不会对货物强征税收，但是，俄国
的军事力量如此强大，不久的将来，它就会这样做。

贸易

对英国商人来说，牛庄是中国最重要的港口之一。最近几年，按增长的比例来说，牛庄的英国贸易，比其他任何地方增长得都多。太古洋行有 35 艘轮船，1897 年出入牛庄共 250 航次。怡和洋行轮船的航次，与太古洋行大致相同。

通过以下数据，可以比较北方三个口岸和长江沿岸口岸，从 1887 年到 1897 年，进口货物的增长数量。

国外进口货物统计

口岸名称	1887 年	1897 年
牛庄	2745636 两	8995929 两
天津	13741101 两	30212260 两
烟台	4630536 两	11066410 两
	合计：21117182 两，约 3000000 英镑	合计：50274599 两，约 7000000 英镑
重庆		8443947 两
宜昌	1955353 两	647902 两
汉口	10528981 两	17172351 两
九江	3329937 两	6563311 两
芜湖	2094036 两	3700373 两
镇江	9084409 两	13285419 两
	合计：26992716 两，约 4000000 英镑	合计：49813303 两，约 7000000 英镑

我在这里的时候，看到港口水面上有 20 艘轮船和两千多艘中国帆船。

我们必须记住，向辽阔的东北地区进口货物，只有两个开放入海口，一个是牛庄，一个是大连湾。

现在，大连湾已关闭。不过有人告诉我，即使将来能开放，在别人的威势之下，大连湾能被随意关闭。

牛庄的贸易，是中英沿海贸易的支柱，主要货物是：大豆、豆饼以及豌豆等同类产品。如果牛庄被关闭，将严重影响整个沿海贸易。

有一点需要注意，牛庄的辽河低潮时，吃水深度为 17 英尺 6 英寸的轮船可通行；涨潮时，吃水深度 18 英尺 6 英寸的轮船可通行；然而，在大沽，仅能通行吃水深度在 8 英尺到 11 英尺的船只。

在牛庄的英国商人和居民，为了找个机会在我面前表达意见，召开了一次会议。首先，我会关注所有发言者的观点，不过，不出意外，他们会讲东北可能在现在或将来，要被俄国吞并。这些先生们住在这里，这件事值得评论。

他们希望能与中国人友好相处，和气生财。他们都有这样的想法：为了达到上述目的，不会做一些能引起中国人反感的事情，比如要求开矿或其他特权。

他们最渴望的事，是能在城市对面，河的北岸，得到一块租界。现在，英国商贸额在不断增长，而以前的租界，受河水冲刷大部分已坍陷，所以，这是一个合理的要求，也是一种必需。

租界仅需要一小块土地。商人们还担心，如果河边这块地成不了英国人的租界，那么，就会成为俄国的租界。

商人们也希望，牛庄的东端能成为外国人的公共租界，居住在这里的各国代表权利平等。

东北三省以矿藏丰富而闻名。商人们说，现在任何外国人，或者中国人自己，在整个东北地区都有开矿的权利，他们也应该享有同样的权利。

这个地区，有肥沃的冲积土壤，出产大量的谷类作物；除了广阔的煤矿区以外，还有广袤的森林；1897 年输出到上海的黄金价值 3000000 英镑。东北煤的质量远远优于日本。这些都是我亲眼所见。

他们也注意到，新获得的水路航行特权，受到了一定限制。比如，轮船仅允许往来于注册过的港口地区，这等于废除了航运自由的权利。

商人们抱怨，他们没有获得从辽河到吉林的通航权，而俄国却独享这一权利。我认为这种说法不确切，总之，需要考察一下。他们还希望，政府能往吉林派驻一位领事。现在的东北发展迅速，为了发展贸易，英国在这个面积两倍于法国的地区设置领事机构，是合理的事。然而，在牛庄以北，现在没有一位英国领事。

这些商人还抱怨，虽然中国已经把海关质押给英国，但是俄国运送铁路物资却不受检查，或者不用缴关税。

俄国在东北有大量驻军，数量还不断在增长，因此，对于未来他们非常担忧。因为俄国除了在中俄边境地区有贸易，在整个东北没有什么生意，所以，商人们认为：俄国的军事优势，威胁到了他们的贸易。在他们看来，俄国正在众目睽睽之下吞并中国领土。

他们还抱怨，俄国没有往牛庄派驻领事。在这种情况下，许多事情会变得复杂。地方上会发生许多怪事，他们又不便处理。所以，最好在当地派驻领事，来解决那些问题。

他们指出，如果俄国遇到的反对和抗议，像在东北所遇到的一样，那么，就没有什么力量能够阻止俄军进入直隶。

英国商人希望我向联合商会指明：盎格鲁－撒克逊人在中国北部的贸易安全，必须依靠比担保和承诺更有力的力量，应快速确立自己的强势军事地位，然而，英国政府却无所作为。

关于上述想法的具体建议，已获得商会认可，并由我转呈给联合商会（详见附录）。

离开牛庄六个星期后，我收到牛庄商人们的一份来信，表示支持前述建议，内容如下：

牛庄　1898 年 12 月 22 日

阁下，敬请谅解我们的来信，谈一些在您访问港口时，英国居民一致同意的一些建议。因为这些建议对我们至关重要，但是没有引起政府和国内公众足够重视。

1. 关于河的北岸，我们可以这样说，领事和公使的努力已见成效，我们得到了一块新租界，它在城市的对面，并且在日本新获租界的东面。

2. 在这个城镇的东端，已建成一个外国公共租界。这一事情，无论从它本身带来的利益方面来讲，还是从维护我们在这边河岸的权利方面来讲，都令我们非常满意。否则我们会认为在辽河北岸的特权被废止了。另外，由于此地的运输和进口贸易，确实由英国、德国、美国和日本掌控。那么，通过各国公民通力合作，各国共同商讨问题，下一步将会朝着经济联盟的方向发展；并且随着牛庄港口的持续开放，甚至是整个中国的门户开放，上述国家的利益将会不断增长。

3. 如果在中国内地建立大量的纺纱、榨油和铁矿工业公司，将会促进贸易的巨大发展，英国的机器和熟练工也能引进来，英国的雇佣资本也能从中获利。

但是，必要的措施是通过购买，或更恰当地说，通过在中国永久地租借领地获得土地占有权，在此基础之上，这些或其他公司才能持续运营。

除非我们能用上述办法获得土地，否则，有限的租期，将会是企业持续经营的障碍；我们合法的租约，也会因不友好或者胆小的地方官员施加压力，而被迫终止。

事实上，没有这种权利，我们也不要指望资本家会投资。

传教士可以通过永久租借国内土地拥有占地权，并且，为了促进基督教的发展，可以搞建筑设施；那么，为什么商人们就不能获得相似的权力，以促进贸易的发展？

4. 在对我国、外国和中国均为有利的条件下，获得开矿权，是同样重要的事情。

现在，我们只能以中国人的名义开矿，尽管中方对此视而不见，但是，我们的经营在任何时候，都能被不友好的地方官员，或者来自中国的竞争所阻断。

我们希望能以自己的名义开矿，这与权利有关，与个人爱好无关。当然，我们会像开矿的中国公司和个人一样，按章缴纳各种税费。

这不是一件小事。这些省份矿藏资源丰富：这里有金矿，在很多地方，人们以原始的方式开采黄金；这里还有铅和银，以及少量的锡、黄铜和石油；铁矿资源也丰富，并且和煤矿连在一起。

然而，最重要的情况是，大量煤矿中煤的成分不一，有无烟煤、半无烟煤和烟煤等。煤矿需要用机器开采，发展出口贸易，在上海市场与天津和日本相竞争。

如果我们忽视这个机会，俄国人可没那么傻。几年之内，俄国将会通过购买、租借，或者其他办法，排挤掉有开拓之功的英国公司，获得所有有效权利。那么，当英国意识到这些矿藏的价值时，基本上也没我们什么事了。

5. 为使英国厂商不被有差别地收税，或遭受其他损失，政府最好能在吉林派驻一位英国领事，来看护本国利益。这样，就能够观察和报告中国北部的政况和商情、俄国人的行动，以及其他事情；《天津条约》所赋予传教士和商人的权利如果受到侵犯，需要对方快速赔偿时，英国政府就能处于特别有利的地位。

6. 牛庄港是一个天然港口，迄今为止，仍是东北诸省的外贸通道，也是直隶和蒙古部分地区的外贸通道。牛庄港位于辽河口，在进出口货物的运转方面，有水运成本低的优势。

运送货物，在夏天用船，到冬天则用马车，一辆马车平均能运 22 英担。利用水面结冰的便利，用马车把豆、油、玉米、谷物、酒、麻、烟叶，以及其他土产运出；也把北方的棉、毛织品、丝织品、棉纱、原棉、煤油、五金，尤其是铁，还有糖、火柴、针、玻璃，以及其他进口货物运到内地。

除此之外，辽河及其支流上的内陆城镇，在夏季和冬季，同样可以通过水路进出口货物，只是规模较小。

这种进出口贸易，主要由英国发展起来。大部分进口货物来自英国及其殖民地，并且，悬挂英国国旗的货船，运送了其中的半数。

贸易的价值和总量，正逐年增长，如果不受人为干预，它还会持续增长。

但是，只要通过下列任何一种方法，牛庄的贸易将会衰落，或者完全被破坏：

在通往港口的水陆要道上，多设关卡，征收高额运输费。

对通过铁路运进港口的货物，予以免税。

来源于俄国的货物，或者由俄国人经手的货物，准予退税。

因此，为了防止上述可能发生的情况，如下事情就必须做到。不仅维持牛庄港对外开放，而且使整个东北都对外开放。因为，一个封闭的国家只开放一扇门，对于商人们来说，就像是画饼充饥，没什么用处。

我们附上一些数字和事实，用于支持我们的观点。即使在今天或将来，牛庄和东北没什么价值，我们也不能轻率地放弃在这两个地方的权利。

1897年贸易总额是关平银26358671两，比1896年增加了3500000两；1896年又比此前任何一年，都多出5000000两。本年度贸易额还未统计，但大家都知道，增加的数额肯定要超过1897年。

那么，如果在现在的环境下，贸易年年照此势头发展，我们自然认为：当这个国家的产粮区、矿区和森林等地区，通过开发铁路，贸易额将会增大到难以想象的程度。

为什么这块面积390000平方公里的广袤地区，会成为俄国的禁猎区？考虑上述情况，国内会对这种趋势有什么样的说法？

在亚洲北部，俄国有自己的殖民地，她的居民占用不了其中的一半，所以，完全不必把东北作为过剩人口的出路。至于俄国的贸易，东北北部仅有一点儿；在南部，众所周知，除了运输海带，什么贸易也没有，即使是这种贸易，也是今年才开始的。

1897年，英国进出口货运量是181961吨，是整个港口货运总量的一半，而俄国只有713吨，仅占总量的1/500。

自港口开放以来，居于此地的外国商人，几乎都是英国人。可以按照预定方案，其他外国人可占有部分土地，其余主要由英国人掌控。

为了经营贸易，英国商人在土地、房屋、仓库、码头等方面，投入了大量资金，这不应被人忘记；正是英国人以生命和金钱为代价与中国签订了《天津条约》，才有了条约中牛庄和其他港口的开放，这同样不能被忘记。

　　站在国家的立场，我们想要指出一件事情的重要性，这事就是不能任由俄国吞并东北。因为，对于英国来说，如果东北被俄国吞并，则不仅关闭了此地开放的大门，而且，英国在整个中国特有的利益，都将受到威胁；并且，如果任由俄国兼并东北诸省，殖民此地勤劳勇敢的农民，那么，这必然就是俄国向南朝印度进军的前奏，并且是一个顺利的前奏。

　　总之，我们相信您将用您巨大的影响力，向英国政府和人民讲清楚：英国在东北利益的重要性，以及现在这些利益所受威胁的严重程度。

旗昌洋行
远来洋行
太古洋行等

致贝思福勋爵

　　对于英国商人的这些意见，我愿就我所知，做些解释。

　　关于第二个问题——设立一个公共租界。我认为，这是一个合理的要求，既符合机会均等原则，又符合门户开放政策。牛庄一定能成为北方的货运配给中心。

　　我在牛庄和中国官员谈到此事，他们表现得很热情，会尽全力去做这件事。当地中国人，甚至愿意自己出资修路。这种友谊，始于中日战争。当时，英国一家红十字会医院，参与救治中国北方军队，医治了上万名伤员。为了表示感谢，中国人筹资在牛庄建了一家医院作为回报。现在，来自英国的戴利医生，管理着这家医院。我参观过这家医院，布置得非常好。

第四个问题——关于开矿权问题。拥有开矿权，使所有国家都能从东北丰富的矿藏资源中获利，也能促进门户开放政策的实施。不过，我向商人们指出：按照目前情况，他们肯定能得到矿产。他们最好能在东北投资，这能使英国政府获得权利，保护自己投资的安全。我向他们表示，他们在东北获得特权的机会，与他国均等，没有人能阻止他们。

第五个问题。这里的商人和其他地方的商人一样，请我们注意新通航章程给他们带来的麻烦。这个新章程确实阻碍了贸易的开展。

关于第六个问题，我认为，必须在吉林设置领事机构，以便政府能准确了解俄国在东北的行动。现在我们所掌握的情况，都是来自传教士或商人，未免有不实之处。

关于俄国所运铁路设备免税一事，商人们的意见转录在报告的附录中。我也亲眼见到，一些轮船经过海关，到达俄国的卸货处——牛家屯，而海关对这些轮船未做任何检查。我在牛庄的时候，也看到十三艘俄国大型轮船，未经海关检查，就进入了牛庄。就此事，我请教了此地的海关首席专员，他告诉我：北京有令，不得干涉这些俄国轮船。别人告诉我，这些轮船上装的是铁路器材。我想，在这里提一下相关合同的细节，还是比较好。简要说来，这些条款是这样：铁路名义上是中国承建，实际上按照中俄两国的协定，是由俄国来修建铁路；八十年之后，中国接管铁路；在此期间，俄国负责筹资修建、维护保养等工作。俄国在合同中加了一条：铁路所用器材和设备，无论从何处运来，在中国任何地方都不用缴税。

现在，三万六千吨铁路器材和设备，已经运达牛庄。其中，有三十台机器来自美国的鲍德温。

中国铁路公司所开发的山海关到牛庄的铁路，由一家英国公司承建，这家公司已经预付了资金。中国政府也保证给予铁路器材和设备免税待遇，但是，理论上是这样，实际上这种承诺却没有兑现。这事对英国来说不公平。我们都知道，东北铁路具有战略意义，由俄国人独自筹资、修建、维护和管理，且双方约定，八十年之后转交给中国。而山海关铁路不具有战略意义，只是以通商为目的，由一家英国公司筹资、修建和维护，但是归中国人管理；并且，一旦中国人还清本金，铁路就归中国人所有。

铁路器材免税一事，对铁路债券持有者很重要，因为关税是他们投资的保证。1897 年之前，除北京到天津和山海关的铁路以外，中国还没有铁路。这些铁路需要的一些器材，如枕木、铁轨等，通常需要中国政府发放凭证，才可以免税。由于中国关税已全部抵押给了外国人，这种做法是否公平值得商榷。不过，这种做法别人纷纷仿效，对放贷者实在不公平。在以前，通过这些铁路的进口机器都需要缴税，其中也包括火车机车。但是，在 1897 年底，北京—天津—山海关铁路督办胡芸楣，向朝廷提出异议，认为天津海关不应该对火车机车征税。他的提议得到了政府的批准，铁路可以免除关税。自此以后，中国签订了大量铁路修建合同，其中有几份合同明确要求，要和山海关铁路一样，给铁路器材免税。结果就是，今后大量铁路器材不用缴税。很多时候，这种制度对中国的关税收入，不会造成影响，因为，这种关税相当于从一个政府部门拿钱，转到另一个部门。但是，中国把关税抵押给了一些国家，这种制度就减少了这些外国人的收入。另一方面，一些投资者为了打开中国市场，甘愿承担这份风险。

俄国在东北持续增兵，增建军事基地。对此，商人们感到害怕。关于这些情况，就我所知，俄国驻扎在东西伯利亚和东北的军队约 120000 人。

据说，距锦州十二英里的伦泾，现在悬挂的是俄国国旗；最初悬挂的是中俄两国国旗。

在牛庄城里和铁路旁边，我看到了许多全副武装的哥萨克士兵。他们正在街道中央铺设电话线，而线杆正好阻碍了交通。

毫无疑问，一旦有事，俄国在这里占据绝对军事优势，因此，怎样合适地保护英国利益的安全，就成了人们热切关注的问题。

英国商人自然会问，俄国的军队为什么会出现在这里，他们打算做什么。因为，英国在东北的贸易额已经超过 3000000

英镑，并且日趋繁荣。而俄国在东北的贸易额几乎为零：仅在边境地区有一点儿贸易；1897 年以来，仅从符拉迪沃斯托克进口过三船海带。

俄国没有在牛庄派驻领事。我发现，对于此事，不仅英国商人感到激愤，中国人也同样如此。俄国人在修筑铁路路堤时，经常毁坏中国人的庄稼。由于这里没有俄国领事，他们无处申诉，所以，此地经常发生骚乱事件。最严重的一次，发生在顺源。

我知道一个事例。太古洋行有一个雇员，土地被铁路占用了，但是得不到赔偿，只好向英国领事申诉。当然，英国领事不起任何作用。这名中国雇员就因为这里没有俄国领事而白白遭受损失。

计划修建的俄国—东北铁路，具有军事和战略意义，但是，中国人无权过问。这条铁路由俄国人投资，所有线路都由哥萨克军人负责守护。

据可靠消息，在五年之内，还有可能在更短时间内，这里将建成一条铁路，虽然简陋，但是可以有效地连接俄国和旅顺港。

我在这里的时候，从牛庄到主干线的 14 英里支线，已经完工；约 100 公里的主干线，路基已经修好，准备铺设道轨。辽河上的桥梁，还需要 8 个月的时间，大约到 1899 年的 6 月或 7 月才能建好。这条铁路要穿山而过，需要打通许多隧道。所以，火车现在只能走之字形线路，以绕过这些山冈。俄国人为了快速完工，投入了大量的人力物力。

铁路机车和器材，由两个起重能力为八十吨的起重机，卸在俄国在牛家屯的场地内。这两架起重机来自英国的南安普顿，价值超不过10000英镑。英国人也就从这两台机器上赚点钱，其他所有铁路设备和器材，全来自美国。俄国人下定决心，除非万不得已，决不购买英国人的东西。

这条铁路相距牛庄，在十四到十七公里之间。牛庄的商人自然会担心，当铁路建成以后，东北的贸易中心，会从牛庄转移到大连湾。

珲春，距牛庄十四英里，俄国军队驻扎在这里，统管铁路（关于这条铁路的详情，请参看本报告"铁路"一章）。

这条铁路，将通过奉天，它的一条支线还会到达吉林。它将经过东北北部和西北部的大豆产区；也将经过辽阳附近的大型煤矿——在牛庄东部往北八英里处。此地大豆的运输，现在靠河运，如果铁路取代河运，牛庄的贸易就会损失惨重。这条铁路上的短线，可以经过牛庄，也可以不经过牛庄，所以，尽管牛庄是一个通商口岸，恐怕将来是有名无实。

然而，中国准备修建一条从山海关到锦州的铁路，靠近奉天，经过辽河到达新民屯。这条铁路，可以阻止俄国对铁路的垄断。

英俄两国商人，在俄国火车站所占土地的归属权方面，意见不一。

一亩土地（合1/5英亩），英国商人出价1英镑，比俄国人给得多。中国人把土地卖给英国人，地契登记在英国领事处。尽管这些地契正式登记过，但是俄国人却声称，英国人没有土地所有权，并说服当地道台，拒绝承认这些土地交易。这种情况，引起了英国领事艾伦先生的强烈抗议，他快速果断地处理此事，径直前往道台衙门，直到道台在地契上盖章才离开。

我看到，俄国从本地人手里购买土地，平均每亩付 10 两银子；但是与这些地块相邻的土地，由于属于外国人，俄国每亩付 100 两银子。

毫无疑问，俄国在牛庄附近的行为极其霸道。俄国处理现在的土地问题，也只是象征性地给本地人一些补偿。据说，铁路穿过的民田庄稼还未成熟，而俄国人一点儿赔偿也没有，这就激怒了当地农民，但是，当地官员却劝说农民要克制情绪息事宁人。

牛庄的商人们认为，俄国人在东北居于统治地位。为了证实这种看法，我列举了上述事例。

不过，我希望大家能够理解上述意见，或者理解我对俄国在东北地位的任何意见。我仅仅是清楚地描述了一些事实，没有激怒别人的意图。我的观点，肯定利于英国，但一定不是反对俄国。

在牛庄的俄国人，对我极为热情、友善和文明。如果我在这里不谈这点，显得我心胸狭窄。

格雷格医生，是东北基督新教传教士。他非常担心新教在东北的教权和财产。这些教团在华传教，已有三十多年历史。现有四十多个欧洲传教士，约一万名中国教徒。教团在华有许多财产，当中有学校和医院。吉林的一家教会医院，耗资1600英镑建成。格雷格医生说，他自己和所有教士都认为，现在的东北，名义上是属于中国，但是实际上已成为俄国人的地盘了。他认为，按照《天津条约》，以及中国颁布的特别条令，他的传教士有权与中国民众居住在一起，布道和医疗工作不应受到阻碍。

最近，格雷格医生考察了东北各地。他看到，东北到处都是俄国军队，对将来非常担心。我建议他把这些情况报告给他的长老。

斯普伦特先生和其他传教士，对东北的情况很熟悉。他们告诉我，在1897年6月以前，吉林没有一个俄国人；但是，当我在牛庄的时候，也就是1898年11月，开始有大量的俄国军队驻扎在这里。

斯普伦特先生说，他看到有许多人在东北勘查矿藏，这些人肯定由俄国政府资助。

自1897年底以来，俄国不断往东北派驻大量军队，数量逐月增加。这里的铁路工程，进行得也是热火朝天。在这种情况下，将来英国贸易的发展和安全，就得看俄国人的脸色了。

帕夫洛夫先生代表俄国政府，张荫桓和李鸿章代表中国政府，签订了《俄满铁路协议》《旅顺港协议》和《大连湾协议》。大家只要读读这些协议中的相关部分，就会明白，俄国在东北的权力有多大。1898 年的《中国协会报告》中，记录了这些协议。

在牛庄，甚至在整个中国，所有英国商人都认为，东北能否施行机会均等策略，也就是门户开放政策，完全取决于俄国人的意愿。

他们给出的理由是：修建山海关铁路，只是为了方便贸易，但是俄国却横加干涉。中英两家公司签订协议修建铁路，俄国却要求中国政府不能承认这份协议。这份协议原来约定，抵押部分铁路，作为预付资金的保证，修建一条从山海关到锦州，再到牛庄的铁路。

就像商人们说的那样，这种蛮横干涉，比增加关税或优惠关税更厉害，紧紧地关闭了门户开放的大门。

在中国的所有商人，坚定地认为：尽管俄国在完成西伯利亚铁路、派驻大量军队，以及快速修建坚固的防御工事之前，还能保证东北的开放。但是，这些事情做好以后，也就意味着俄国加强了对东北的控制，那么，优惠关税就只会对俄国有利了。

英国商人请我尽力说服联合商会，使他们相信，照目前情况，俄国对东北将来贸易自由的承诺，没有任何价值。因为在东北，俄国没有任何贸易，却有大量军队；英国的贸易额很大，并且在不断增长，却没有安全保障。

英国商人进一步指出，如果俄国公开吞并了东北，朝鲜也就在俄国的掌控中了。那么，俄国吞并中国的马场——蒙古，也不是什么难事。这使俄国能掌握许多非正规的游牧骑兵，这些骑兵以前曾横行整个中国；也能掌握数百万勇敢、健壮的人民，经过训练，他们就能成为优秀的士兵。商人们还认为，如果俄国一旦处于这种地位，她的势力必定会从中国北方扩展到中部，再扩展到印度，那么，英国商贸就彻底完了。商人们希望，强大的联合商会，应该请英国政府，给俄国向南的发展，划一个界线；并且，还要保证这条界线不受侵犯。

对于未来的门户开放，牛庄处在一个关键位置。另外，商人们也对俄国在牛庄的长远意图，极为担心，所以，我就对牛庄的贸易状况，做了一个详细的考察。

英国在牛庄（营口）的租界，坐落在辽河南岸，距离入海口约十五英里。

从头年十一月底，到来年三月底，河面结冰，航运完全停止。冰层厚度在十七到十九英寸之间，满载的马车可以在冰面上行走。

牛庄的贸易，几乎完全由中国人经营，外国商人仅仅是中国人的代理。美国的茂生洋行，是唯一一家靠自己进口货物的外商。这里也有三家英国公司，但是它们的业务，主要是航运，或者说全部是航运。过去十年间，牛庄的贸易稳步增长。海关每年公布的数字表明，牛庄已经成为重要的贸易港。

在1895年，牛庄被日本人控制，因此，这年的贸易额不必考虑。但是，牛庄的贸易额，1896年超过了22000000两白银，1897年超过了26000000两，一年之内增加了4000000两

（约 570000 英镑）。牛庄的税收，1887 年是 405000 两，十年之后的 1897 年超过了 568000 两，两相比较，增长了 40% 多。除了 1891 年，1897 年的税收比往年都多。1891 年的税收超过583000 两。但是，1891 年的税收中，有 28000 两来自鸦片。到 1897 年，来自鸦片的税收，只有 3000 两。这就表明，在牛庄的贸易中，鸦片贸易在逐渐消失，其他类别的贸易在稳步增长。

进口贸易

与牛庄开展贸易的国家和地区，有香港、日本和东北的俄国人。

从俄国进口的货物，只有海带，中国人把它当蔬菜吃；并且，进口的数量多年来没有变化。与香港的贸易，有巨额增长。在 1891 年，来自香港的货物价值总额是白银 304000 两，到 1897 年，总额增加到了 1238000 两，增长额不少于 307%。

以前，印度的棉纱，要经过上海才能到达牛庄。现在，则直接从香港运至牛庄，这说明了香港与牛庄贸易额增长的原因。

从香港进口的货物，主要是棉纱、糖和废铁。

日本的贸易额，增长很快，1891 年仅有 22000 两，1897年则达到了 280000 两。从日本进口的货物，主要是棉纱和火柴。1897 年，棉纱进口了 8000 担；火柴进口了 224000 罗。①

---

① 每一罗为 12 打，即 144 盒。——译者注

牛庄外贸中的大部分货物，是从上海运来。

棉纺品

进口的棉制品，主要是来自美国的斜纹布；来自美国和印度的被单布、灰色和白色的衬衫布，以及厚实斜纹棉布。最近几年，英国产品失去了市场，而美国的贸易在增长：

美国：斜纹布——1893 年，100000 匹；1897 年，349000 匹。

被单布——1893 年，252000 匹；1897 年，566000 匹。

英国：斜纹布——1893 年，80000 匹。

被单布——1893 年，71000 匹；1897 年，10000 匹。

上海生产的棉制品，在这里也有市场。1897 年，牛庄从上海进口了 11000 匹棉制品。牛庄第一次进口棉纱，是在 1882 年，当时进口了 120 担。然而，就这一点儿，在当时都卖不出去，最终只好再出口出去。到了 1888 年，进口的棉纱就不少于 48000 担了，其中大部分还是来自英国。

最近，从英国进口的棉纱量在减少，而从印度进口的数量在增加。1897 年，牛庄进口的棉纱数量是 164000 担，其中来自印度的有 140000 担；来自日本的有 18000 担，来自上海工厂的有 4500 担。然而，来自英国的棉纱，只有 700 担。

毛纺品

牛庄进口的毛织品很少。因为，在寒冷季节，本地的穷人穿棉衣；富人穿比毛呢便宜的裘皮衣服。

金属

进口到此地的金属，只有制钉、盘条和铁条值得一提。1897 年，前者进口了 28000 担；后者进口了 5500 担。这里还进口了大量的废铁，主要用于制造帆船船锚、马掌及其他物品。

煤油

这里每年都从美国和俄国进口大量煤油，美国的进口量远超俄国。1896 年，从美国进口了 527000 加仑，然而在 1887 年，进口的数量则超过了 2000000 加仑。1897 年，直接从日本进口了 15000 加仑煤油，海关把这种油叫作日本煤油。俄国煤油与美国煤油相比，质量很差，但是，它的销售方法很特别。中国人经常把俄国煤油装到盛过美国煤油的箱子里。许多购买这类煤油的人，看到箱子上的标识——"Devoc"，还以为他们买到了真正的美国货。

出口贸易

牛庄出口的商品，主要是大豆、豆饼和豆油。除此之外，还有毛毡、鹿茸、人参、兽皮和野蚕丝。鹿茸和人参有药用价值，价格很贵。野蚕丝的出口量在显著增加，1887 年出口额是白银 647000 两，去年则达到了 1374000 两，增长比不小于 112%。牛庄的大豆和豆饼，最近几年多数运往中国南方地区，中日战争后，则大量出口到了日本；实际上，运往日本的数量，比运往南方的总和还多。如下数据可以说明这点：

出口至日本：1891 年的数额合白银 460000 两，1897 年5079000 两（约 700000 英镑）。

出口至汕头：1891 年的数额合白银 2727000 两；1897 年2438000 两（约 340000 英镑）。

出口至广州：1891 年的数额合白银 1751000 两；1897 年2338000 两（约 334030 英镑）。

出口到香港和广东的大豆，供人食用；出口到汕头的豆饼，用做肥料。

鸦片

牛庄几乎没有从外国进口的鸦片。因为，东北种植了大量鸦片。

矿产

据说，东北的山中矿藏丰富。在这里已经发现了铜矿和铅矿。在靠近辽河的煤矿附近，也发现了铁矿。

然而，由于进口铁制品比较便宜，所以，对本地铁制品的需求也就减少了。在这里，开采煤矿用的还是最原始的方式。由于没有抽水设备，煤矿开采到一定深度，就受到了地下水的限制。煤矿附近没有水路，土路路况也非常差。在夏天，煤矿几乎不生产。但是到了冬天，土路变好，产煤量就多了。每天有两百到三百辆两轮货车往外运煤，每辆车的装载量是一吨半。一些煤运到港口，供外国人使用；但是，大部分煤则运往了辽河或奉天地区，供中国人使用。在矿口，每吨煤值 14 先令。

把煤运到港口，价格会翻一倍。吉林附近也有几处煤矿，它们产出的煤，供当地的几家大型军工厂使用。

黄金

在东北中部和北部的河谷里，发现了黄金。漠河是黑龙江的支流，流经主要出产黄金的河谷。以前，人们采用淘金法生产黄金。漠河矿业公司现在正在开发这里的金矿。公司有一些冲床，现在能产出大量黄金。1897 年，黄金的出口额合白银 2029000 两（约 300000 英镑）。当这里的矿产对外开放，并发展起来以后，将会采用欧洲的机器采矿，我们希望东北能出产更多的黄金。

白银

珲春往西六十英里，有一处银矿，使用外国机器采矿，但是关于矿区的详细情况，无法获知。

猪鬃

在牛庄，猪鬃是大宗出口商品。1897 年出口额合白银 36000 两（约 5000 英镑）。有件事值得说一下：这里的传教士为了吸引当地人信教，开始雇佣他们从事这项贸易，也就是说，这项贸易因传教士而兴起。猪鬃从这里运到上海，然后出口到英国和其他国家。

工厂

1868 年，这里引进了一台蒸汽式大豆加工机，由于当地人的反对，未能开工，尝试也就这样结束了。到了 1896 年，太古商行又引进了一台机器，结果很好，在豆饼加工中获利颇丰。现在，工厂实际上已归中国人所有了。

最近还建了一些其他工厂，这就增强了牛庄口岸的重要性。

1898 年

今年的贸易数据还没有统计出来，评论今年的贸易还为时尚早。不过公平而言，今年的商业会很兴旺，贸易额会超过 1897 年。我们知道，牛庄直到四月份的第一个星期，港口才能通航，第一季度没有任何贸易。不过按照前文所述，贸易状况会很好。在牛庄贸易中，最显著的是日本对东北产品的大量需求。牛庄与日本的大豆和豆饼出口贸易，取代了英国承运的中国口岸之间的贸易。

市场中的大宗商品，资源枯竭，价格涨幅惊人。然而，日本的需求毕竟有限，到年底，需求肯定会减少。

对牛庄来说，今年是一个值得纪念的年份。在今年，北到奉天，南到大连湾的铁路已经开工。尽管公司名称是"中国东方铁路公司"，实际上却完全由俄国人掌控。迄今为止，仅铺好了枕木，以及部分铁轨，火车机车还需要几天才能运到。到海城的铁路，将在1899年春天开放。

第五章

烟　台（居民约32876人）

贸易统计数据

1897 年贸易总额是关平银 22051976 两，约 3100000 多英镑；进出口货物总量是 2385301 吨，由英国运送者是 1327559 吨。

我到烟台去过两次，一次在 10 月 13 日；一次在 11 月 9 日。

在烟台的英国商人，交给我一份纪要：

烟台，1898 年 10 月 15 日

阁下，我们冒昧给您去信，谈谈关于此港的贸易前景，并想借由您作为英国利益代表的影响力，使利益受威胁一事能被政府重视。下面这些情况，对烟台港来说，通常会产生不利影响：胶州湾的开放，以及将来要修建的铁路；德国对她的势力范围有独占权，而势力范围几乎囊括整个山东省。

海运——去年进出口货物总量是 2385301 吨，而其中的 56% 都是由英国承运。在此，有件事要说明一下：在中国港口的海运货物总量排名中，烟台排在上海后面，居第二位，以英国货币标准来计算，年均贸易总额接近 3000000 英镑。

棉产品——棉产品在这个地区有广阔的销售空间。但此地昂贵的运费使商品成本增加，价格较贵，这使外国的棉产品不能进入此省贫穷阶层的市场，而此省大约有 30000000 人。

山东省内有优质的金矿和煤矿。只要能获得开采特许权，一般说来，对贸易将是一个巨大的福音；也能创造对多种机器设备的需求。

虽然最近内陆水路的开放，对贸易是一个有益帮助。按照现行规定，外国船只可以航行至省内任何一个港口，但是在山东境内，没有可以通航的河流。除非采用一些便宜的交通手段，否则，贸易将遭遇困境。因为这个港口，几乎所有的运输都要靠骡子来完成，这种运输方式，不仅速度慢、价格贵，而且在运输途中货物容易受损。

我们有一个建议，希望能得到中国允许，那就是：修建一条铁路，主线是从威海卫和烟台到济南府；环线是从烟台出发经由莱阳，到潍县并入主线。我们可以确定，这个路线将是一个极好的运输通道，对一般贸易的价值不可估量。如果这个铁路能尽快修建，由胶州湾开放所引起的任何不利影响，都将被抵消。

此外，我们恳请英国领事，能够在关注英国利益方面多加努力，像其他外国领事那样，采取一些政策。因为，在促进本国利益方面，外国领事们非常努力，而我们的大多数领事却漠然视之，这是一个鲜明的对比。

我们相信，凭借您巨大的影响力，我们提到的这些问题，能够得以解决。

A. M. 埃克福德　　P. F. 莱福斯等

致尊敬的贝思福勋爵

北京

我认为，对于德国人在胶州湾的经营，商人们大可不必感到惊恐。因为，一般而言，一个国家肯定会为自己谋利。并且，从整个中国来讲，如果德国最终在山东施行一种排外的政策，那么可以确定，这不会给德国贸易带来好处。

胶州湾已经开放，德国人所计划修到济南的铁路已经完工，接下来就是这些地区贸易的发展。从长远来看，烟台可能会受一些损失，但有些事可以确定：中国的贸易总额将会增加，从而各个国家都能从中获利，特别是英国。关于商人们所提及的修筑铁路权，我告诉他们：这件事没有丝毫难处，只要有一个可靠的公司写出申请，向驻华大使麦克唐纳禀报，大使肯定会支持并传达你们的申请。我进一步说，在纪要中所谈到的"胶州湾开放所引起的不利影响"，与我们的政策不相符合。这些政策，我们一致认为，对盎格鲁－撒克逊人的贸易来说，它们是最好的政策，例如：门户开放政策、所有国家的平等权利。英国不能期望自己拥有一切，并且，一旦门户开放政策在中国有效实施，英国商人应该对其他国家在开发中国过程中的努力，以及增加的贸易额感到满意。

我对山东省的资源，做了一些调查。

距烟台六十公里的邹县，有一个金矿。金矿由中国人掌管，雇工有一千人，用最原始的方法采矿。

另外一个金矿在平度州，采矿方法与邹县金矿一样。我没有获得关于它的详细情况。

山东省是中国境内少数不通水运的省份之一。因此，一旦铁路建成，将会获利颇丰。现在所有货物的运送，都是靠骡子或苦力。

这里的商人们声称，他们的贸易遇到了危险，缺少安全保障，普遍感到不安，而这一切，是由俄国在北中国的强势地位所致。

在这里，我最近发现了一件有趣的事，可以说明英国人应对中国政府的方法。鉴于中国政府目前这种无助的状态，我只能把它看作是不讲侠义、不够男子气派的一种做法。

英国公民弗格森先生，买了一块地产，尽管周边海滩属于中国政府，但他还是有海滩的优先购买权。

然而，中国人受人劝导，把海滩卖给了一家俄国公司。不过，英国政府不是与俄国政府以友好的方式进行争辩，而是坚持要中国政府支付 30000 两关平银（合 4000 多英镑），作为英国让步的赔偿。之所以会出现这种情况，原因只能是中国国力衰弱，无力拒绝。

这里的商人，请求我向联合商会表达他们的意思：对他们来说，从中国政府那里获得在内地的居住权非常重要。他们认为，没有这种权利，英国商贸在未来就不会有实质性的发展。

我参观了一个缫丝工场，雇工大约有 1000 人，大多数是儿童。

工场的机器是现代化机器产自德国，非常好；股东和工头都是中国人。中国人告诉我，工场的利润很好。

我还参观了加工豆油的榨油作坊，它所采用的榨油方式，是我们所能想到的最原始的榨油方式。把豆子放在用草编成的容器里，再依次倒进打孔的铁制容器里。压力来自一个楔形物，用悬挂的石头敲击楔子；实心树木掏空作为轴承，做引导方向之用。

中国人普遍而坚决地反对在这个行业中运用机器。怡和洋行曾经进口过榨油机器，它的产品既好又便宜。但是，别人告诉我，中国商人抵制机器生产的豆饼和油，机器作坊只好关闭。

在此地时，有三艘来自德国的型号一样的巡洋舰刚到岸，我参观并全面调查了其中的一艘，参见"陆军和海军"一章。

第六章

威海卫（居民约4000人）

关于威海卫，如果说它对保护英国商贸有用，可能会招来非议；但是，在一位海军官员眼里，它还是有些益处。

太古洋行对我很友好，为了方便我参观威海卫，特地派出一艘轮船供我使用。

对于我们在中国海的海军力量，我认为，占有威海卫是一个巨大的收获。因为，与其他地方相比，在此地花费较少的钱财，就能建立一个最有效、最强大的海军基地。

这里有三个营地，以前被日本人占有，现在的状况还是极好。花费少量资金，就能在岛屿上设防；而且，在陆地上，除了西边出口，其他任何一个地点都不用设防。岛上原有的炮台及其位置，都处于理想状态。所有要做的事，就是更换炮台上的大炮。

现在，在中国可以停靠战舰的水域中，没有一个地方像此处一样，战舰可以停泊靠岸如此之近。

目前，在军事力量上，威海卫和旅顺港完全不能相比。两地相距仅 80 公里，但是，俄国在逐渐侵占旅顺港后，在港口上放置了 70 门大炮，而我们在威海卫却连一门大炮也没有。

这是一个便于船舶停靠的港口。只要做一些疏浚航道、建筑码头的工作，它就会成为北中国最好、最安全的港湾。

尽管现在这里没有挡浪板，但是商船在任何时候、任何天气状况下，都能在岛内背风处，安全地装卸货物。不过，英国同意封闭此港，此外还关涉到铁路的修建，所以，威海卫不可能变成一个重要的贸易港。

以前有一艘汉州号轮船，在北部一个港口，装载 1800 吨货物，用 14 天时间。

另一艘轮船，在北部同一个港口，由于海浪，卸载 100 吨货物，整整用了 48 小时。由于持续的恶劣气候，这样的延误非常频繁。

我发现，威海卫人对英国人非常友好。

威海卫的面积是直布罗陀的三分之二。在中国的海港中，它最适宜建成一个供舰队休整的军港。

如果英国想帮助中国组织防御力量，无论是海军还是陆军，最适宜在这个地方开始训练工作。

第七章

胶　州

德国海军少将亨利亲王，邀请我参观胶州。我乘坐怡和洋行提供的轮船，在从烟台到上海的途中，于 1898 年 11 月 14日绕道胶州。这个地方，如果投入大量资金，将会成为一个贸易港。不过，这里必须修建海堤以停泊船只、阻挡东边来的海浪；必须疏浚内部航道，方便船只航行。

胶州不是一个便利的船舶停靠之所，特别是在起大雾的天气，更不适于停靠船舶。

当从胶州到济南的铁路建成后，胶州肯定会变成一个贸易港。

天津和烟台的商人有些担忧：当胶州变成一个贸易港，这两地的航运可能受损失。我向他们保证：在我看来，如果门户开放政策能持续施行，通过铁路开发中国的资源，将会出现大量的贸易港。另外，如果其他国家通过修建铁路，帮助我们开发中国，从整体上来讲，贸易总额将确定增长；并且，伴随着权利平等原则，盎格鲁－撒克逊人肯定会从中获利。

然而，如果此地的土地管理规则将来还和我访问这里时一样，盎格鲁－撒克逊的商人们，则不必担心来自于胶州湾的激烈竞争。

德国政府占有这片土地。如果个人或公司购买土地，所有交易必须通过拍卖，还必须登记在册。土地估价的百分之六用以交税；并且，每隔25年，按上述标准再征税一次。

无论何时，如果出售土地获利，那么，三分之一的利润归于政府。为了防止欺诈，德国声称自己有权利以卖方价格接管任何一块土地，然后以此价格出售。

例如：有两方交易一块价值一万两白银的土地。德国政府能对卖家说："这是一万两，免了你三分之一的应交利润"，打算买地者，因此就失去了交易机会。

德国政府积极地在海滨整理土地，建造营房、阅兵场，在居高临下的位置设置炮台。此地能被德国人建成一个坚固的海军基地，但是，由于地形不便，需要耗费更多资金。

第八章

上　海（人口约405000）

贸易统计

1897 年贸易总额为关平银 101832962 两（约 14500000 多英镑）。

1897 年进出口货物总量为 7969674 吨，英国承运 4591851 吨。

我到上海考察过四次，第一次是在 10 月 4 日。

对盎格鲁－撒克逊商人来说，上海可能是远东最重要的通商口岸。原因有二，一是上海位处长江流域之口，地理位置优越；二是据上述统计，英国贸易在上海处于主导地位。

在上海的英国商人，对我的使命非常感兴趣，决心竭尽所能为联合商会提供信息。主要是出于安全方面的考虑，他们对未来十分担忧。他们担心，万一发生骚乱事件，中国政府没有有效的军队和警察去处理。他们说：四川、湖南和长江流域发生暴乱，中国商人都不到这些地区做生意。他们认为，不久的将来，这些现象将损害英国的贸易。他们还提到俄国在北中国的军事统治地位。他们说，除非采取有效的平衡措施以制衡俄国，否则，英国贸易必然处于危险境地。

他们再次提及内陆航行条例。条例有助于促进英国贸易发展。不过，由于收费没有定则，特别是厘金和落地税更无标准，所以，我们的获利受限。另外，按照条例规定，轮船运送货物，只限于它所登记过的港口地区，不能越过海关界域。

这些条例阻碍了货物运输，轮船除了乘客，其他什么东西都运不了。

往来于海上的船只，能沿着河流，通过海关进行贸易；但是，处于内陆航行条例管辖下的船只，则不允许做这些。

另外，中国拒绝外国人在通商口岸以外的地区居住，这也应当计入不利因素之中。

英国商人对自己处境的看法，我甚为认同。刘坤一（南京）和张之洞（汉口）两位总督向我表明，他们可以确定，一些省份确实将有骚乱发生（参看附录"南京"和"汉口"）。他两人指出，他们辖区有 7 个厘金税局，所收厘金是 750000 英镑，指定用于支付 16000000 英镑贷款的利息。这些贷款是 1898 年 3 月从英国和德国贷入。刘坤一进一步说道，整个海关人员的工资，已涨到 187500 英镑，而且全部由上海海关独自承担。两位总督讲：人民正在抱怨，税收都支付给了外国人，他们也不可能再承担任何其他税收，所以，前途渺茫。关于英国战舰停驻长江一事，二位总督认为：假如海军是来帮助他们而不是来夺权，他们表示欢迎。

10月6日，我会见了一位在上海的英商联会代表。他交给我一份纪要，文中用语清晰明确，铿锵有力。在文中，商会成员表达了这样的观点：在上海，他们普遍有一种感觉——本国政府没有适当地支持英国的利益；并且，他们的意见一直被搁置，多少年来，没有被关注过一次。他们认为，当前是改变这种政策的时候。纪要内容如下：

与中国相关的利益，已引起国内注意。这对于联合商会分会委员会来讲，是一个有利时机，可以公开表达他们对一些问题的普遍看法。

在过去，人们普遍抱怨，说我们和中国的贸易，缺乏扩张活力。其实，参与其中的英国商人，更有发言权。然而，在很多时候，问题的缘由被归结于英国商人自己。这份纪要的主旨，不是为这个指责做辩护；只是表达了我们对一个问题主要原因的认识，这个问题是：与其他国家相比，为何英国与中国的贸易缺少进步。对国家来说，无论是发展现在的贸易，还是对中国至今尚未开发的自然资源进行开发，现在都是极好的时机。

我们可以断定，英国贸易在中国的扩张有限，主要有三个方面的原因：

（a）在遵守天津条约的义务方面，中国完全缺少诚意。

（b）在条约协定的通商口岸以外，外国人在中国的投资，没有安全保证。

（c）关于中国的情况，国内普遍不关心，缺少了解。

上述原因，第一条和第二条相辅相成；第三条是前两条的缘由。

对居于中国的英国人，重复说明上述第一条原因是多余之举。但是，居于本土的英国人，几乎不知道外国人是在何种条件下与中国人做生意，所以，请允许我在此简要说明一些情况。按照条约规定，中国应当允许外国人到中国做进出口贸易。海关税收制度，是经多方同意而制定出来的，且大家一致同意在通商口岸征税。最初，当地人负责征税事务，随后授权给海关税务司，由欧洲人负责，征税范围只限于各个通商口岸。对此，商人们没有怨言。实际上，这些税收，是中国政府最可靠的财政来源，也是主要可利用的财产。但是，在这些税收规定之外，为了保护外国贸易，对商品在内地的流通，又做了进一步规定。可以说，条约制定者对各省与北京中央政府之间松散的财政关系不太熟悉，这就导致很多问题。同时，在遵守条约章程方面，北京政府对各地也没有约束力。外国货物进入中国内地，规定很简单：额外支付一半子口税，政府发放子口单，进口货物就可以从随意进入内地，出口货物可以从内地随意到达港口，免除它们"所有内地进一步的任何税收"（条约中的表述）。这条协议的表述很清楚。并且，在 1855 年，埃尔金勋爵（《天津条约》的制定者，以此条约为基础，其他国家制定了许多条约）也向外交部呈送了一份公文，详细说明了协议的意图。埃尔金勋爵在修订子口单协议时，明确规定："货物缴纳过子口税，无论出口或进口，在货船与各地之间，不用缴纳通行费、入市税，或者其他任何税费。"还有，在相同的公文中，他写道："我一直认为，补救内地乱收税的办法，是用固定税额取代现在的违规收税。"这话讲得再明白不过了。然而，在签订《天津条约》三十年后的今天，子口单制度完全失败了。我们的政府一再坚持（尽管无效），子口单能免除货物的苛税。但是，对条约的解释有限，意图也不甚明确，特别是使货物免除"所有内地进一步的任何税收"这一句，更不清楚。在中国的许多地方，子口单完全被忽视；在另一些地方，当地政府无视条约规定，在货物最初的进口港和出口地，照样向缴过子口税的货物征税。向英国货物征收苛税，是经过中国政府允许的做法，大使和领事们，为了使英国贸易免遭此难在不断努力。但是，因为英国政府不支持、不重视这件事，他们的努力毫无结果。结果，商人们有冤而无处可诉，只好得过且过。布雷南领事曾写过一份报告，在去年（1897 年）出版。他讲到的一些例子，可以很好地说明今天的情况。在"中国通商口岸贸易状况"部分，他写道："长期的努力无果，使商人们感到气馁，贸易自然就受阻不再发展。"

如果英国政府不作为，任由条约变成废纸，而其他国家却努力向前，那么，领事伯恩先生报告中所描述的情况，足以使英国蒙羞。伯恩先生最近陪伴着布莱克本中国考察团，考察中国商务。谈到云南贸易时，他写道："从我 1885 考察以后，进口货物的贸易路线已经改变。原先是英国的线路——从西江经百色厅到云南，现在转到法国人的线路上——从越南的东京，经过红河和蒙自，到达云南。如果考虑到中国人有守旧的习惯，这种转变就太大了。这种转变，源于法国政府的努力。他们强迫中国政府，从蒙自到云南沿途各地执行子口单制度。另外，代表团的贝尔和内维尔两位先生，对于此事这样写道："从缅甸的八莫到云南的陆路贸易，没有任何增长的机会，因为货物在途中至少要缴纳七种不同的税费。然而，蒙自路线承认子口单，货物只用缴货值的7.5%，作为关税，此后就不用缴纳任何费税。"如果法国政府能够强迫中国遵守这条协议，那么，占中国外贸份额64%的英国，为什么就做不到呢？有人说，这是因为我们太重视中国的中央政府。因为英国政府认为，救治地方弊端，最有效的途径是通过在北京的代表。然而，中日战争，使政府依靠北京的幻想破灭了。我们希望，英国政府采用我们早期处理中国问题的方法——哪里有弊端就在那里处理，然后把这些补救措施呈报给北京。

此外，国内可能普遍不知道，在中国的外国人，除了通商口岸，不能到其他地方定居和经商。一名外国人可以流动经商，但是不能在口岸之外的任何地方设立贸易点。这种对居住的限制，自然妨碍了外国人贸易和事业的发展。这个问题特别重要，尤其是现在，中国已授予特权，允许外国船只在内地水路自由航行。这个特权很重要，但是，除非同时允许外国人在内地居住，否则这个特权一点价值也没有。很明显，为了使外国人能掌控货物运输，保证它们的安全，必须在内地建立货栈和仓库，外国人或代理可以居住在这里，管理货物的运输、储存和发送。

外国贸易在中国停滞不前，主要原因是缺少安全保障。现在的危险局势，不仅充分影响了贸易的进一步发展、企业的扩展，而且直接危及到当前的贸易。并且，现在的危险比以往更大：政府无能，还非常腐败；国家财政更需要各省的支持，而各省的收入却偿还了外债；国家对各省的掌控能力越来越小，很多地方明显不忠于朝廷。那么，外国贸易在内地的情况会怎样？在过去，各省可以提取一部分海关税收，现在全部成了外债的抵押；同时，朝廷向各省索要的资金在增加，那么，除了在内地增加税收，各省还有什么办法？为了弥补财政收入不足，中国政府准备修改税则，但是不修改那些我们抱怨了三十年的弊端。1896年李鸿章到伦敦访问的时候，提议把关税增加一倍。这是东方人机智的权宜之计，也就是说，让外国贸易来承担中国的外债。外国商人普遍同意加税，但与此同时，他们明确要求，除非中国保证在内地不再乱收税，否则他们不会同意增加关税。很明显，这种要求，只有全面改革中国现在的腐败制度才能实现。但是这件事做起来很难，而且各国之间的猜忌，会使事情更复杂。然而，现在只能勇敢地去面对这种局势，否则，将来各国之间的纷争会更多。

很明显，由中日战争所引发的财政困难，以及欧洲各国的债务，使中国不能继续实施排外政策，蔑视外国人。不用从外部施压，国库的空虚足以说服中国政府，同意开发自己丰富的自然资源。因此，中国向世界公开了修建铁路和开发矿藏的计划，欢迎外国人来投资。然而，资本家在投资之前，势必会调查投资安全保障问题，他们会问：朝廷怎样保护外商在各省的特权？在遵守条约协议方面，中国在过去的诚意是否足够？外商能否控制和监管资金的花费？能否放宽现在的居住限令，允许外国人到内地居住，以监管他们在内地的事业？要回答上述问题，必定会涉及另外一个问题：中国的开放，究竟是真还是假？如果此事为真，那么外国人必须发挥强大的影响力，防止像过去那样受骗。一个孱弱的北京政府，它的开放被互相竞争、嫉妒的列强所利用，肯定没有安全可言，除非出现以下情形：在北京设立一个政府，不仅强大，而且同情多数人的感觉和愿望；它首先要做的事是防止中国的分裂。我们认为，中国人已广泛接受了进步和改革的学说。为了拯救自己，也为了给那些引进来开发资源的外资提供保障，进行大规模的行政管理和财政改革，势在必行。关于改革方法的建议，不在这份纪要的范围之内，但是，这不表示协会忽视了实际问题。客观地讲，英国政府已经从大使、领事和商人们那里知道了更多详情，获得了更多的观点和建议。依据这些情况，政府早就推论出了明确和果断的政策。

要实施这些计划，必须在一个坚实的基础上展开行动才行。北京政府自然应该提供这个基础，它的命令应该能贯彻到全国各地。一个权力中心应该强大到足以维持中国的完整。如果缺少这样一个权力中心，就不必谈门户开放政策，也不必谈贸易机会均等。对这两件事，我们的政客已发表了很多看法。政府疲弱，意味着中国的分裂。对这种现状没有清楚的认识，也不愿意承担维护北京政府权威的义务，因此，不是选择门户开放政策，就是选择势力范围政策，殊不知这是两种互相矛盾的政策。维护中国的完整还是分割中国，都必须经过改革才能实现，唯一的区别是：前者由一个强大的权力中心制定政策，然后贯彻到全国；后者则由各地的占领者在占领区内实施。我们认为，各国在处理事务时相互猜忌，纷争不断，势必引起更多的危险，不如采取大胆的策略，用一个强大的权力中心去维护中国的完整。许多事情，能以小见大。势力范围政策所产生的危害，在上海已经显现出来了。一个国家声称，她对租界内的部分地区，享有独自管辖的权利，而我们却维护租界的开放。

那么，我们认为，在中国发展贸易、保护资产和拓展事业，安全保障必不可少。这种安全保障，只有通过改革才能实现；改革只有从外部施压，才能实施。进一步说，英国的贸易在中国处于优势地位，英国必须引领这场改革运动。在我们看来，英国政府以前忽视中国问题，决策失误，是因为错误地估计了自己在远东地区的影响力，错误地信赖中国政府的力量。而其他国家，刚到这个地域，受过去传统的影响较小，能够较好地利用一般经验做事，并且利用我们做事谦逊和不活跃的缺点乘势而起。我们希望自己对"门户开放"或者"势力范围"

这些词汇，做出完美的解释。也就是说，英国的贸易在哪里占优势，哪里就是英国的势力范围，哪里就实施门户开放政策。这只是一个理想，但是没有英国内阁的果断决定和领导，没有中国政府的配合，理想永远不会变成现实。为了能在中国实施改革，我们不隐瞒必须面对的困难，因此，我们力劝引领改革运动的英国政府，要努力与那些有共同目的和兴趣的国家，一起合作，也就是说，他们的兴趣是商业发展，目的不是扩大领地。

主席　C.J. 达钦

仔细看这份纪要，我认为，其中有一两个观点，值得商榷。不能说子口单就是一张废纸。以前确实是这样，但是自现在的英国大使麦克唐纳来了以后，情况已经变好了。所以，现在不能说子口单还是废纸，并且，这样讲对大使的努力也不公平。真正的失误发生在三十年前，英国商务局同意中国征收落地税。

第二天，也就是 10 月 7 日，上海商会（一个国际性的组织）的一位代表，呈给我一封信（详情见附录）。其中，一位德国代表说，联合商会派代表来中国考察商务，不只给英国带来好处，也将给所有国家带来好处。一位美国代表认为，英美两国的贸易利益一致；美国人感谢英国联合商会派代表到中国来调查商贸问题。

信中提到几个问题，在此特别说明一下：

1. 中方不遵守条约规定，使外国商贸遭受损失。

2. 改革税收体制。

3. 急需设立上海水利局，管理港口，疏浚吴淞江上的沙滩。

4. 必须扩展租界。

这些建议，对所有国家的贸易都很重要。英国在上海的贸易居于优势地位，这些建议对英国更为重要。

中国人和外国人所签合同的效力问题，是上海商会和中国协会提到的问题，它对未来的商业利益很重要。

我用一个事例来说明这个问题。中国银行和日本银行在1889年12月合并为一家。名义资本是一百万，1891年2月增加到了二百万。

在公司生意兴隆时，许多中国人购买它的股票。但是，购买股票之前，他们必须签订一个协议：

我特此请求公司注册，成为公司股东……把中国、日本银行，以及海峡有限公司的股票转让给我作为报酬，我同意按照公司章程规定，在董事安排的时间和地点，付清股票余款。

并且，我还同意：我和银行之间的所有问题，要依据英国法律来处理。

1893年，银行经营困难，每股负债7英镑10先令，公司决定，每股要召回1英镑。尽管中国人和英国人一样签订了协议，但是中国人拒绝付款。这种拒付行为，和高达400000多英镑的债务一起，迫使银行破产重组。上海道台蔡钧和英国驻上海总领事巴伦·白利南先生在一次特别庭审中审理这个案件。尽管受到白利南先生的反对，上海道台还是做出了对中国人有利的判决。一个中国人，签订了这样一个协议，与条约没有任何冲突，那么他是否应该遵守协议约定，对于在中国的外商来说影响重大。英国大使麦克唐纳先生也热心过问此事。但是，英国商人们感觉，有效和快速处理这个严重事件是国内政府的责任。

据说，购买银行股票的中国商人，其实乐意支付那笔钱。但是在持股者中，有一部分满族和当地官员，他们拒绝支付，而其他商人又不敢违背官员们的意愿。

棉纺品

据说在我访问期间，上海的纺织厂，过去建好的、正在修建的和计划修建的，合起来有十二家。由于产能过剩，当地又从印度进口了大量棉纱，导致这里的纺织业现在不景气。据我看来，这些纺织厂除非雇佣外国人做管理者和工长，否则无法与他人竞争。这些纺织厂，不考虑折旧和维护费用，而把可用资产用于支付利息和红利。

长江一带的人们，普遍在仿制便宜棉纱。这种棉纱以前通常从日本和印度进口。

日本和中国棉花制成的棉纤维既短又脆。而中国人喜欢买棉纱自己织布，所以，这些纺纱厂不得不从美国和印度进口棉花，织成棉纱卖给中国人。这里只有怡和洋行一家织布厂，其余工厂则生产棉纱。

1898 年 10 月，我参观了这些工厂。厂里的机器只有一半时间在工作，并且，一些中国人开办的工厂已经关门了。我在报告中对棉布行业做详细论述，是出于以下原因：尽管海关统计报表显示，它是英国人的贸易，由英国船只从美国运来，但这些布匹，其实是美国人制造，最初属于美国人。然而，英国商人通过运输和销售，从中获利颇丰。有一点值得一说：中国的北方人需要美国棉布，因为布幅宽度符合他们的要求，而且厚实能御寒。

商会要求我就棉布进口，做详细说明，所以，我添加了一张对比图（请参看表格）。

通过这张表格，分析中国棉织品和棉纱的进口贸易（占中国进口贸易的 40%）就会发现，过去十年，美国贸易量增长了 121%，价值增长了 59.5%；而另一方面，同样的产品，英国和印度的贸易量下降了 13.75%，价值下降了 8%。

毫无疑问，随着时间的推移，美国与兰开夏郡和印度两地的竞争会更激烈（特别是兰开夏郡）。十年前，美国生产布匹，仅是为了满足国内需求，多余的产品才出口到中国，因此在很大程度上，产品的质量标准远超中国人的一般需要。然而，现在一切都变了，美国很快变成了一个出口国。美国厂主看到了靠近中国市场的优势，因此开设工厂，专门生产适合中国市场的产品，直接与兰开夏郡竞争。数量和贸易值的增长比率差别太大，可以说明，现在美国产品的质量标准很低。当然，这也是为了迎合中国人买便宜货的需求。

一个有点儿意思的问题是：在美国与中国的布匹贸易中，英国起了什么作用？方便起见，可以用两个标题来概括：

1. **产品来源**
2. **产品所有权**

关于产品来源问题，我们都明白，美国在中国市场的份额越多，对英国制造商的损害就越大。但是，可以进一步问：美国份额的增多，是怎样影响英国贸易的？我认为，这个问题需要用产品的"所有权"来说明。比如，一个英国人从非洲购买了玛瑙贝壳，它们一旦交到英国人手上，就成为英国的贸易产品了。同样的道理，英国人从纽约购买的布匹，自然属于英国人的贸易品。这就是说，产品来源仅是问题的一个方面。

问题在于，来源于美国的产品，有多少"属于"美国，有多少"属于"英国？这个问题不容易回答，不过我们可以粗略地估算一下。在上海，纯粹从事布匹贸易的美国公司，只有两家①，另外还有两家英美合营的公司。美国的布匹贸易主要由这四家公司经营。我们会认为，布匹贸易归美国人经营。但是在另一方面，有许多英国独资公司也参与了美国的布匹贸易。据说，几乎所有贸易都由英国公司负责运输，通过英国银行融资。美国的布匹，60%归英国公司所有。具体情况如下表所示：

———————————

① 美国在上海的公司——茂生洋行（大进口商），丰裕洋行（大进口商），梅西洋行（只经营茶叶。译者注：此公司名称为音译），丰泰洋行（经营规模小），协隆洋行（大进口商，英国人占一半股份），同孚洋行（中等进口商，英国人占一半股份），美孚行（只从事煤油贸易）。

所有权	1887 年数量和价值		1897 年数量和价值		数量百分比	价值百分比
英国和印度	11037745 匹	3767700 英镑	9517098 匹	3470200 英镑	减少了 1.14%	增加了 2.12%
美国的 60% (属于英国)	1104565 匹	657300 英镑	2486383 匹	1048800 英镑		
美国的 40% (属于美国)	769709 匹	438200 英镑	1657588 匹	698720 英镑	增加了 115.35%	增加了 59.45%
总计	12912019 匹	4863200 英镑	13661069 匹	5217720 英镑	增加 5.80%	增加 7.29%

1887 年，英国的所有权是 91%；美国是 9%；1897 年，英国所有权是 86.61%，美国是 13.39%。

除了布匹，美国的煤油和面粉，市场占有率也很高，并且这些贸易全由美国经营。煤油，1887 年贸易额是 330000 英镑；1897 年是 1019400 英镑。面粉，1887 年贸易额是 145000 英镑；1897 年是 180600 英镑。

美国还有大量的木材和快速增长的机器贸易。木材，1887 年贸易总额是 68500 英镑；1897 年是 55200 英镑。机器，1887 年是 96300 英镑，1897 年是 402000 英镑。这些货物，主要由英国货船运输。

10 月 1 日离开上海之前，我曾经与日本前首相伊藤侯爵会晤过三次。他对英国颇具好感，对中国的未来甚为担忧。他认为，除非中国自己能提供有效的军队和警察，否则肯定会发生暴乱，势必危及外国人的生命和财产。外国人肯定会出面干预，以保护自己的利益，他们将会分割中国。我建议：在维护中国的完整和贸易机会均等方面，日本、美国、德国和英国应该达成共识。他对这个商业方面的建议，好像很感兴趣。他认为，日本和英国在东方有一致的贸易利益，国家之间应该互相帮助。他说，诸如像门户开放这样的政策，不能是一种自私的政策，应该对所有国家的贸易都有利。

他认为，现在的中国政府非常孱弱，已掌控不了国家，会立刻倒台。英国、美国、日本和德国这四个贸易大国，为了保护所有国家的商业利益，应该提供一些现役军官和退役军官，帮助中国重组军事力量。伊藤侯爵说：可以确定，日本不会反对英国联合其他国家一起重组中国军队。英国有资格做这件事，一是在中国的投资中，英国占优势；二是事实证明，英国在领导和组织东方人民方面，能力出众。他认为，朝鲜也应该包括在中国门户开放问题中。他还说，日本和英国商业的未来，有赖于我们现在所追寻的政策。

我们必须记住，伊藤侯爵是个中国通，比任何其他外国人都了解中国。因此，他的观点对联合商会来说最为珍贵。他由衷地赞成这样的观点——有效地重组中国军队，可以为商贸安全提供充足的保证。

伊藤侯爵已经离职，像我一样，可能会到中国做一次完全非官方的考察。

听说奎俊阁下刚被任命为四川总督，途经上海。我拜访了他两次。我告诉他，他对改善和发展辖区内商贸的建议，联合商会非常感兴趣。他表达了对英国的友好，并且说，他会尽力促进外国贸易的发展，开放当地的商业、制造业和矿业。他还告诉我，他即将负责管理的四川省，煤矿、铁矿以及其他矿产，非常丰富，至今都还没有开发。我乘机向他指明：外国人有权要求为他们的商贸提供保护，中国应立即用军队和警察，提供安全保障。如果中国做不到这点，那么中国必定会垮台，这样一来，各个省份也会被欧洲人分割。中国应该请求英国和其他贸易国，帮助她组织一支统一的军队，以维持中国的完整。总督衷心赞同我的意见。他说，希望此事能成，但是，这些事情的决定权在朝廷手中。

我获悉，最著名的维新党人之一黄遵宪已经被捕，将被押往南京执行死刑。他的六名同党，已经在北京被杀。我对奎俊总督说：以我浅见，如果这些政治谋杀持续下去，中国势必发生暴乱。而这些暴乱对商贸不利，英国肯定会加以干涉。无论怎样，如果这种政治谋杀持续下去，英国民众对此会感到恐慌。因此，我敦促总督，利用他的影响力去拯救黄遵宪的生命。现在，我可以高兴地说，黄遵宪没有被害，但是被流放了。

扩展外国人的租界，与外国人在上海的财产和生命的安全息息相关。所谓的英国租界，实际上是世界各国的租界，各国公民在租界中都拥有地权。长期以来，租界面积已不够用，人们通过英国大使向中国政府提出扩展租界的要求。这不是要求获得领土权，仅仅是在现有租界的基础上扩展一些面积。然而，只有法国不是要求为所有国家，而是仅要求扩展自己的租界。这件事值得评论一下：法国总领事资格很老，不久前，他声称有权主持各国关于租界问题的审议，但是，法国的租界，法国有绝对的控制权，别人不得过问。现在，他们声称对租界拥有主权，确实，他们也把租界称作"法国的土地"。而事实上，法国与中国政府的租界协议，和其他国家的一模一样。因此，法国没有专有权。

法国最近提出增加租界的要求是在 10 月份，他们要求租借上海的土地，包括城内临近老河地区。这里有新建的商店、仓库和码头，所有照明都使用电力，秩序井然，充满活力。法国的这两个声明如果被批准，那么加上城市另一边的街区，法国租界现在的位势，可以从三面包围这座城市。他们声称，上海外滩是中国唯一具有欧洲风格的工程，那是他们的首创，花费达 40000 两白银（合 5000 多英镑）。

法国总领事最初的声明，是要求中国对一起暴乱事件做出赔偿。这次暴乱于 1898 年 7 月 16 日，发生在宁波会馆的墓地。法国要求把宁波会馆的墓地划成法国租界归法国管理，以修建一个公共屠宰场。而这块墓地上，有几千个不同年代的坟墓。法国领事还要求宁波行会公共墓地内的所有棺材，都应该由在世的亲属迁走，将来任何棺材都不能停放在会馆内，或者埋到墓地里。法国领事还讲，大家都应该理解，当英美（或者世界各国）扩展租界的时候，法国同样要扩展自己的租界。关于宁波会馆事件，我们要牢记一点，中国人最尊敬自己过世的亲人。实际上也就是说，祖先崇拜是中国人唯一的信仰。另外，中国的法律也规定，只有经过亲属同意，才可以迁移坟墓。

　　法国派遣全副武装的水兵登陆，试图拆掉围墙，占有宁波会馆的土地，这引起了 1898 年 7 月 16 日的暴乱事件。在那里聚集的大量暴民开始向现场的外国人投掷石块。法国水兵瞄准民众并开了枪，结果十三名中国人当场死亡，三十人受伤。随后，伤者中有四人也死了。在我去往南京的途中，恰好看到一艘法国军舰停泊在城市对岸，而法国总领事白藻泰先生就在舰上。刘坤一总督在一次会谈中说，英国对中国人很友好，然后问我对这个事件的看法。作为英国商贸的代表，我对总督解释说，如果他同意法国人的要求，自然会引起中国人的暴乱。没有人知道东方的暴乱会发展到何种程度，特别是在中国，人们极度厌恶外国人，这种暴乱正在增多。如果发生暴乱，英国、美国和德国以及其他国际团体，尽管与暴乱的起源无关，也会把他们的志愿者武装起来，为了保护自己的生命和财产，迫不得已也会向中国暴民开枪。尽管我知道，相关国际团体反对法国总领事的要求，但暴乱的结果就是，所有外国人站在一边，所有中国人站在另一边。我告诉总督，如果他拒绝了法国人的要求，也不会有什么事。我指出，这些暴乱对商贸利益是致命的打击；法国政府不可能提出如此过分的要求，可能是法国总领事越权行事。对各国的代理人来说，这种越权行事是家常便饭。

　　参观南京以后，我到达上海受邀参加一个会议。出席会议的是德国、美国、日本和英国贸易团体的代表。上海商会的会员告诉我，法国的声明使中国人感到不安，从而严重干涉了贸易，并要求我发表看法。我把对总督说过的话，又重复了一遍，并告诉他们，国际团体中的任何一员，都无权擅自行动引起暴乱，危及其他团体成员的生命和财产。我认为，作为联合商会的代表，应该把这些情况写在报告中。

法国还要求独占浦东，这个地区的面积很大，对面是从上海流过来的河流。不过法国在这里没有任何生意。这里有仓库、工厂、码头和船坞，而且有大量的营业财产，不过都是英国和美国公民的财产。如果按照法国总领事的要求，一些在英国领事馆登记过的英国土地，就被划到法租界里了。

结束使命离开中国的最后一晚，我参加了一个告别晚宴。这个宴会是个典型的国际性宴会。宴会的主人来自四个团体：上海商会（一个代表所有国家的机构），市政委员会（同上），中国协会上海分会（英国），美国亚洲协会。我可以确定，联合商会对此事也会感到满意。在宴会上，众人一致讲道：

"我们衷心感谢贝思福勋爵，他详细考察了中国商情，为我们这些在中国的团体，提供了帮助。"

晚宴上的这段话可以说明：这些国家，以及居住在此地的各国公民完全赞同门户开放政策。

我与上海道台会晤过几次。他对英国贸易很感兴趣。过去他对英国很友好，但是北京传来了对英国不满的信号，改变了他的态度。他已得到消息，道台任职期满之前就要离职。我向他指出，如果中国不能提供有效的军队，保护外国贸易和资本，那么中国必定会被欧洲各国瓜分。他衷心赞同这个观点，并且说：多年以前，他曾写过奏章，倡议与英国合作重整军队。但是，最近的一些事件表明，英国惧怕俄国。假如中国请英国来重组中国军队而遭到俄国反对，那么英国也会拒绝中国的请求。他还讲道，大多数总督认为，如果英国同意帮助中国重组军队，中国就不会分裂。

在上海期间，我和传教士会晤了几次。他们来自不同的国家、不同的教派。他们一致认为，门户开放政策是保证贸易发展的唯一良策。

我拜访了在上海的一个法国天主教会。教会能力很强，在中国做了许多工作，特别是与科学相关的工作。这个教会对中国社会非常熟悉。我高兴地发现，这些神甫们诚心支持机会均等策略，赞同重组中国军队，以保护贸易。他们认为，中国人容易管理和领导，实行这些政策，不会遇到困难。他们认为，所有开明人士都期盼改革，唯一的障碍是中国政府那种陈旧的制度。

第九章

南　京（居民约150000人）

南京不是一个通商口岸。我乘坐南琛号炮船，于1898年12月9日到达此地，到岸时，受到鸣炮15响的礼遇。

总督刘坤一派南洋舰队提督刘旭来拜访我。他们告诉我：从上海来的法国总领事白藻泰先生，现在也在南京，并待在一艘法国巡洋舰上，正强迫总督划给他部分上海租界。对于此事，他和随从们表示非常担忧。

我和刘坤一总督有过两次长谈。总督衙门距我登岸地有四英里半。登陆后，一路上有数千名士兵和旗手夹道欢迎。到达衙门，我受到总督的亲切接见。我感谢他提供炮船，帮我完成使命；并对我所受到的礼遇表示惊讶。他回答说，这是为了尊重与大英帝国的友谊。

我向总督说明了此行目的，并指出：英国国内商人，非常关心英国商贸在中国未来的安全问题。他像汉口的张之洞总督一样，也非常担心不久将会发生暴乱。当我追问原因时，总督给出了几条理由：

1. 厘金以前用于地方经费开支，但是现在都用于偿还外债利息，所以，政府为了维持开支，必须另征税收。

2. 把税收支付给外国人，人民感到不满。①

3. 由于缺少资金，必须缩减军队。

他还说道，近来由于黄河决口，大批难民正从江苏北部涌入他的地盘，他也没有足够的军队来维持秩序。

我对总督说，按照当前这种情况，在中国有可能发生两种骚乱，无论哪一种，它们对商贸都是毁灭性的打击。一种是政府势弱，人民叛乱；一种是普遍的反对外国人。总督表示，对于第一种情况，现在不必为虑；但是由于重新分配厘金而导致政府财用不足，不得不向人民多征税收，可以确定，因仇恨外国人而产生的暴乱必将发生。

我建议：为了维持中国的统一，保护对外贸易，可在英国和其他外国军官的主持下重整中国军队。对于这种新鲜的提议，总督刚开始不以为然。他说，如果用合适的办法组织旧的地方军事体系，也可以达到目的。但是，当我指出，北洋和南洋两支舰队各自为战，是最近海战失利的原因，总督开始改变他的想法。

总督请我写一份纪要，和说明经济状况的细节一样，详细

---

① 这个理由不正确，厘金只是保证外债安全的抵押。

阐明重组中国军队的必要性。按照总督要求，我也做了此事。后来，我收到了总督热情洋溢表示感谢的来信，他还说要将这件事向上级政府汇报。

总督告诉我，他知道张之洞总督已收到指令，划拨了2000名军人，按照我的重组提议接受训练。他说，中国如果实行这种办法，其他各国势必会提出同样的要求，那么，必将导致中国的分裂。

他还指出，在他的地盘上，不久前人们对英国的尊敬超过其他国家，而现在，人们一提到俄国，就有恐惧之心。

在请求英国提供帮助的问题上，刘总督和其他总督的观点不一样，他说，俄国不会允许中国做任何事情。

总督表示，就他个人来讲，希望英国在中国的影响能够更大。他还指出，英国人成为中国官员，为中国服务已有先例，并提到了戈登和亨利先生。他说，清政府对这些英国人非常感谢，却无以为报。

总督认为，英国、德国、美国和日本中，只要任意一国不以割地为条件，且这四个国家相互之间在商业上能达成共识，共同努力以维护未来中国的完整，那么各国贸易在中国的发展将会很繁荣。

当我问到整个中国是否将会有暴乱发生时，总督给了一个肯定的回答。他说，由于最近的事件，整个国家处于不稳定的状态，所以，暴乱一定会发生，但是，只是暴乱，不是反叛。我向他指明：在暴乱事件中，商业的前景将会非常糟糕，并且日后商业再发展，也会艰难万分；并且，如果暴乱发生，各国为了保护自己的商贸利益，势必会采取势力范围策略。总督说，如果发生这样的事，那么中国就不再是一个完整的国家了。

我和总督的第二次会晤，谈论的主要内容是法国在上海的要求。我在上海报告中已完全记录了此事。这次会面中，在国家统一组织军队，以代替地方练兵这一问题上，总督的观点有了很大改变。他说，同意我在纪要中表达的观点，并且会把这个意见上报朝廷，请求政府把军队重新整合为一个整体，由外国军官来训练。他还说，将向朝廷说明，如果政府不按照上述办法整理军队，那么中国政府将会垮台，因为外国政府不能忍受由于缺少中国的保护，使他们的商贸利益受到损失。

离开南京之前，道台黄承乙、陶道台、顾先生和森侯爵到南琛号炮船上来看望我。他们向我转述了总督的送别之意，还交给我一封关于重组中国军队的书信，一件总督向北京政府所呈奏章的副本。如果把这些翻译出来，将会表明，在这件事上，我的使命取得了满意的结果。

总督请我视察他的军队、舰队、防区内的炮台、兵工厂，以及水陆武备学堂。

关于军队、舰队和兵工厂的报告，在书中其他部分详述。

我参观了创建于 1890 年的中国水师学堂。现在，学堂中有六十名学生，年龄在十六到二十岁之间，他们的教习是一名英国机械工程师。学堂配有出色的工作间，齐备的工具、机器，修理和制造锅炉、机器的机械设备很齐全，并且，这些器械设备都是英国制造。学生们个个精神饱满，学习兴致很高。英国教习哈利迪先生告诉我，这些学生能够快速学会运用任何种类机械的技术；在此学习五年以后，能够学会用英语交流；所有学生都是上等阶层的子弟。

学堂内也设有木工车间，所有设备井然有序，资金用得恰如其分。这就表明，如果经由外国人适当的指导，·中国人也能发展机械商业。

中国现在没有海军，然而，南京和天津却有两所优秀的水师学堂，这事让人感到奇怪。

我又参观了武备学堂，它创建于 1895 年，可以容纳 120 名学生。我参观时，学堂仅有 70 名学生。依据学习情况，他们分成三个等级。第一等每月生活费六两，第二等四两，第三等二两。他们也都是来自上层家庭。他们在这里学习三年，然后被派到中国各地军队中。但是，他们中的大部分人，都去了两江地区，总督刘坤一的辖区。

我请求参观他们的集队演练，他们做得很好。一名中国军官负责训练他们，这名军官最初由一名德国军官培训。

他们配备了购自德国的现代毛瑟步枪。他们是一群聪慧的年轻人，年龄在十六到二十岁之间，大多数来自湖南。

这又是一个例证：只要组织得当，中国人任何事都能做好。

北京政府负责学堂的部分经费。然而，在中国总能发现一些反常的事，比如这两个学堂。在两个学堂中，水师学堂的经费开支，尽管相对于它培训出的学生来说投资不算太多，但是也不少；而陆军武备学堂的经费开支则非常少。由于中国没有舰队和海军工厂，因此，花大代价训练海军军官就是浪费钱财。把钱财投入到中国实际需要的重组军队方面，才是明智的选择。

12月12日，我乘坐南琛号离开南京时，南洋舰队以礼相送。依照刘总督之托，我沿长江参观各处炮台。

从南京出发不久，我收到了刘总督的来信，这表明刘总督很关心英国贸易：

致贝思福勋爵：

感谢您的来信。您盛意来访，我却未能充分尽到地主之谊。我必须对您表示最诚挚的谢意。承蒙厚爱，以照片相赠，使我时时感到您就在我身边，还在继续谈天。

我衷心希望：中英之间的友谊日益深厚；有困难时能够互帮互助；实现您的殷切期盼——中国能保持统一完整；英国的商贸利益能够得到保护。

刘坤一　南京

第十章

芜　湖（居民约79275人）

贸易统计

1897 年贸易总额为关平银 8888361 两（约 1200000 多英镑）。

1897 年货运总额是 2867485 吨，其中由英国承运 2159307 吨。

1877 年中英签订《烟台条约》，芜湖成了一个开放口岸。芜湖位处长江流域，在九江和镇江之间，水运便利。如果中国对外开放，芜湖一定能成为一个重要的贸易中心。

英国和美国商人呈给我一封纪要："为了有助于在中国发展商业，中国已经开放的门户必须继续开放，并且，中国应该开放所有地方。凡从事商业、贸易、矿业等事业的外国人，能在任何地方居住，开展业务。如果这种愿望能够实现，那么，欧洲和美国的贸易，短时间内就能扩展三倍。"

在芜湖的英国商人担心，不久的将来会发生暴乱。因为中国人开始抱怨外国人收取厘金。

英国和美国团体还渴望扩展租界。

这里的大宗贸易是木材运输，木材来自湖南。运送木材的木筏，往往对现在较小的租界河岸造成损害；并经常带走大船泊锚的缆绳。中国人掌控了这种木材运输。

这里有煤矿，但据我所知，本地开矿者并没有从中获利。一个中国公司，以22000两白银（大约3000多英镑）的资本，开始开发煤矿，但是没有获利。距离芜湖45英里，有一片山脉，煤源丰富。英国和美国商人已经买下其中几处煤矿，当地政府却多加阻挠，因此，只要当地政府的态度不改变，采矿的事现在就办不成。

第二次考察芜湖时，刘坤一总督派遣他的主要官员——陶森甲、顾泽贤和董君泰，乘坐南琛号炮船来迎接我，并指定此船供我使用，方便我的考察。当我登上南琛号时，炮船鸣炮十五响，作为欢迎礼仪。我正是乘坐此船前往南京。

第十一章

九　江（居民约53101人）

贸易统计

1897 年贸易总额是关平银 14865563 两（合 2100000 多英镑）。

1897 年货运总额是 2656552 吨，英国承运 2004298 吨。

九江位于长江流域，靠近鄱阳湖出口，距汉口 185 英里，上海 445 英里。

这里有一个较小的英美商人团体。他们主要的出口商品是红茶，不过此宗买卖由两个俄国商人掌控。他们还经销一种特别的绿茶。不过别人告诉我，这里的出口贸易整体上正在衰落。

这些英美商人相处和睦，他们强烈希望维持门户开放政策。

我到九江后，一位英人居民代表前来迎接。他以书面形式交给我一些纪要（详见附录）。他们特别期望，英国能往长沙派驻领事。在我考察过的许多地方，商人们都有这种愿望。

为了说明在中国开发矿业是机会渺茫，困难重重，我列举以下事例：

一位英国商人在当地买了一处煤矿。衙门已经授权盖印，所以，他的权利和资格不用质疑。但是，当他要求准许开采煤矿时，遭到了当地道台的拒绝，理由是：条约没有提供准许采矿的依据。

当地居民一致同意这位商人开采煤矿。一些附近的中国人，通过开采表层煤矿，获利很多。

有一家公司，由本地和芜湖的英美商人合办。他们已经买了矿产，得到官方的认证许可，契约上也盖有地方政府的印章。其中一份契约说明，所买资产是用于开矿；其他契约说明，所买资产任由购买者按需使用。然而，上一级政府却不允许公司采矿。这个例子再次表明，如果要想发展贸易，那么必须通过条约来保证经商权利和特权，允许商人投资。

如果准许潜水轮船和拖船进入鄱阳湖及其支流，并开放邻近地区，允许从江西通过水路运送货物，那么，这个口岸的贸易将有显著增长。

第十二章

镇　江（居民约135220人）

贸易统计

1897 年贸易总额是关平银 24145341 两（合 3400000 多英镑）。

1897 年货运总量是 3535739 吨，英国承运 2353702 吨。

1858 年签订《天津条约》，镇江对外开放。镇江坐落在长江边上，靠近大运河，是一个重要的城市，但是镇江的位置优势没有完全发挥出来。

运河现在的状况，影响了镇江的贸易。关于运河的状况，我会在"水运"一章有所说明。

为了向联合商会说明这里的贸易情况，我恳请镇江商务局为我提供一份材料，说明英国将来贸易发展最必需的条件。他们给我提供了明晰、实用的建议，全文照录如下：

递呈联合商会贝思福先生，关于贸易和其他事宜的纪要——镇江商务局。

镇江贸易

1897 年贸易总额是关平银 24000000 两，征税关平银 811000 两，子口税 197000 两。

镇江贸易有一个重要的特征——在子口单系统下分配外来货物。

江苏、安徽、江西、山东和河南的许多城市的进口货物，都由此港供应。

在通商口岸中，镇江在子口贸易方面居于领先地位，去年子口税中的四分之一都来自镇江。

从 1868 年开始，这种子口单进口贸易，通过英国商人的努力，英国军事力量的保证，尽管偶尔会出现滞留货物和乱收税现象，但还是逐年繁荣起来。

至于货物出口，也有子口单，以方便内地货物出口，这对货物出口的贡献很大。这种镇江特有的子口单贸易，又被称为"镇江条约"。

这种特别的贸易办法，使外国商人可以放心地参与内地贸易。这种贸易体系令人非常满意，当然，其中也有一些限制，最重要的是一些专断条款需要修改。

令我们感到遗憾的是，英国海关的执政官，不太重视这种贸易方式。

很明显，要想在中国多销售货物，中国人的出口贸易必须发展起来。而随着内陆航运的开发，培养和拓展货物出口子口单体系是促进出口贸易的最好办法。

内河航运

镇江的英国商人，借英国大使之力，在中国内河航运方面，成为得风气之先者。

在经受各级地方官员的反对后，直到 1898 年 6 月 22 日，外国商人最终才获得内河航运权。

首先开通的航线，是从镇江到清江浦。清江浦是大运河上一个重要的贸易中心，在镇江北面 120 英里处。随后，航线扩展到苏州。苏州是江苏省的省会，也位于大运河上，在镇江南面约 120 公里处。

其他通往各大集镇的航线，通过水路枢纽已经全面开通，并开始运转。

现在大约有三十艘小轮船，悬挂着各国国旗航行在上述水道上。

当初只是希望本地人能欢迎这种快速交通方式，结果却超出预期。四个月来，往返载客量达到 60000 人，这还是比较保守的数字，因为没有计入在中途上下船的乘客，如果全部算上，载客量应该不下十万。

然而，有一点需特别注意，到现在为止货运业务还未开展。

综观 1898 全年贸易，受多种因素影响不算繁荣。业务开展不利的主要原因可能在于：规则体系不完整；规则实施不到位。期待明年一月，颁布明确的税收等规则，希望依照这些规则贸易收益会转好。

内地航行章程第七款（1898），需要提一提。该条款规定，小轮船在长江中拖行，必须有海关凭证。这条规则于事不便，应该取消。

有一件事需要讲讲。本年7月，一位英国商人按照子口单方式向清江浦拖运一船油。原本四十小时的航程，他却在路上足足耗费了25天。所有沿途航线处处收税，并且滞留之事接连发生。淮安关口，接近清江浦，被称为是北中国最大的贸易障碍，负责报账的人员更易受到粗暴对待。诸如此类情况，已经报告给了英国钦差大臣。所有研究此地和临近省份贸易的人，都会对此地的行政作为有清晰的认识，在报告中明确地表述出来。

对官员们施加压力，维护大运河的航运，是一件相当重要的事。

在镇江和苏州之间，即使在最好的季节，通航也会有困难。一年中大部分时间，吃水深度仅有三英尺的轮船，在一些浅滩也不能航行。镇江往北至清江浦的河道，同样如此。如果稍微疏浚一下河道，小轮船也不至于一年中有四个月不能通行。

很大一部分税收用于维护大运河，轮船也缴纳了吨位税，但大运河却没得到维护，这种情况，应该尽快反映给英国当局。

1898 年 6 月 28 日，在距镇江十五公里的扬州，以及其他一些地方，发生了暴乱事件，与小轮船相关。经营小船船民的不满，是暴乱的原因。但是有证据明显表明，当地政府即使没有煽动船民闹事，也纵容了船民，对小轮船和乘客行李处实施攻击和抢劫。

英国公使迅速做出反应，派英国菲尼克斯号战舰到此港口。跟随战舰一起到来的有科克伦船长，斯科特和特怀曼先生。他们和道台面谈，道台立即承诺，保证以后不会出现这样的麻烦，答应赔偿事故损失。此后，那数额不多的赔偿，至今还没有兑现。

英国旗帜

英国商人们有怨言，看起来很公道。他们抱怨，所有英商的船只，无论是自有，还是从中国租借，都应该悬挂英国国旗，但是在这方面，他们却受到了阻挠。英商租借的船只，也应该享受特权。英国的威望在长江流域得到维护时，英国国旗更应该高高飘扬。英国领事应该在相关规则的解释上，有发言权。

租界的扩展

英国镇江租界的面积，仅有 700000 平方英尺，用于居住和贸易，很明显太过狭小。因此，为了外国人有地方开办工厂、为出口原料做准备，以租借形式扩展租界面积就迫在眉睫。外国人在山边获得地皮建造住宅，地方政府却持反对态度。然而很遗憾，英国领事应对不了。

在内地居住

由于贸易在中国的发展形势较好，内地航运权也有了保证，因此，对于本商会来说，下一步最重要的事，就是废除或者修改一些限制外国人在内地居住的条款。

好像只有以这种方式，才能令人满意地推进贸易的发展，货物在运输途中才能免于违规收税和地方勒索。当前，在江苏一些地区，地方政府强行征收一种税，叫作"落地税"，或者叫作"放下税"，使英国货物的流通受到极大阻碍。如果不阻止这种情况，子口单税制的优点就荡然无存。外国人必须获得内地居住权，建立自己的商业地盘。他们对这些权利的渴求之心，难以言表。

镇江和苏州

镇江和苏州，都是条约中规定的开放口岸，两地之间的运河河道应该开放成为国际通用航道。

长江航运章程

修改长江航运章程，本来就在计划之中，现在看来修改应尽快进行。

镇江经常滞留船只令人苦恼，相关规定应该被废除。章程规定，所有运入长江的外国货物，都必须在上海缴纳进口税，这条必须修改。还有，海关和河关的税收规则不统一，它们应该变得相互协调。

中国工业产品

中国官方好像准许这样的安排——政府给上海本地产，发放空白子口单，货物运到内地时才交关税。这种不合规则的产品通关方法，肇始于盛道台。

中国海关却不给外国产品相似的特权。我们应该指出这种不公平，因为很多本地产品，就是在这种有利条件下进入内地的。

镇江领事

有时候，商会觉得有责任通报一些重要的事。

到今年9月为止，在三年时间内，此地至少调换了十二次领事。这种情况，对英国商人利益的持续发展是一种障碍。而且很明显，英国领事不愿意为了英国商人去交涉一些事务，即使插手，解决问题也是拖拖拉拉。

经常发生恶意违背子口单规则的情况，事情拖延数年也得不到解决。这样一来，商人们失去了耐心，子口单的信誉也受到了损害。

今年6月发生骚乱事件，商人们应该受到补偿。不过，通过补偿这件事可以说明一些问题。尽管英国大使特别指示领事，要认真落实赔偿事宜，但是中方却一拖再拖。在商会看来，之所以会发生这样的事，是由于政府完全没有严格要求领事，才造成解决问题的障碍。

本地官员

在镇江，关于英国领事和当地官员之间的关系，似乎需要做一些评论。

事实上所有中英之间的商业事务，都由领事和一个"委员"商办。当地把"委员"称作"洋务委员"。现任"委员"，多年前曾在英国领事馆任文书一职，被开除以后到此地任职。

随着领事的更换，现任"委员"被授予此职。部分原因在于他熟悉洋务，但是，最主要的原因是当地政府把他的任职当作对英国领事馆的羞辱。他之所以还能与领事交往，是因为领事刚到不熟悉情况，他又有委员身份，遂把他当委员。

为了私利，这个委员会故意拖延所有商业事务。有时候，一些重要事情本应该向道台禀报，他却只与道台府的幕友胡叔平接洽。而胡叔平以仇视外国人而闻名于当地。过去十年中，胡叔平会在道台面前极力阻挠每一件外务；并且，现任道台是东北人，对洋务不熟，所以，胡叔平能够恣意妄为。

口岸前景

不久的将来，随着铁路从北到南的开通，镇江将是其中的枢纽；再加上镇江内河航运的成功，租界的成功经营，商会对镇江未来的繁荣充满信心。

总结

现在镇江所面临的要事有这样几件：

1. 立即严格实施内河航运规则。

2. 外国人应该拥有内地居住权，以便于充分开展贸易，并且要允许外国人在口岸附近购买土地。

3. 整顿江苏境内海关，特别是位于大运河上的"坏关"——淮安关。

4. 修改长江航运章程。

5. 英国领事们应同心尽力，促进贸易的发展和维护英国的利益。

镇江商会

主席　伊·斯塔基

秘书　弗·格雷格森

1898 年 11 月 22 日

对于纪要中的内容，我乐意评论以下几点：

早在 1868 年，一位英国商人独自努力，促成了子口单贸易，所以，在子口单体系中镇江占据优势。

最近，英商通过努力，设法获得在内河通行小轮船的权利，尽管当地政府多有阻挠，但就运输量的增长来说，也算是成绩不菲。

1898 年 6 月 28 日发生在扬州的暴乱事件，起因于小轮船，值得特别关注。这件事演示了英国在长江上的战舰，如何通过帮助总督和当地政府平息暴乱促进贸易。这对我们的贸易非常重要，因为暴乱是商贸的致命灾难。

在这个报告中，我多次向联合商会提议，英国舰船必须在水路上巡航。这不仅能保证贸易的发展，而且通过分享平等权利给其他国家，也将维护英国在这个地域的老大地位。

此外，这不是一个自私的策略，因为英国战舰所带来的安全保障，对世界上所有国家的贸易都有帮助。

在中国，我考察过的所有地方，英国的地位都在衰落。不是仅有一位，而是每一位与我交流的中国官员，都会不断地谈到英国对俄国的畏惧。

承认内地居住权这个建议，对于英国贸易的发展来说非常重要。我在报告中也经常提及此事。

纪要中讲道，江苏征收落地税。这种税收明显违背条约，我们应该立即采取行动消除这个巨大的贸易障碍。

关于中国政府允许本地产品在上海自行填单的做法，已经被禁止。我在这里的时候，已经有一到两家本地工厂，停止原来的通关方式，这就是禁止的结果。

商人们好像向我抱怨，对长江航行章程的修改，一直被拖延。不过我可以断定，自我离开以后，此事最终得到了解决。

纪要中对镇江领事的批评，语气有些过激。我发现，镇江领事在三年内确实换了十二次。所以，英国公民抱怨他们的贸易利益不受重视。这是他们的正当要求。

镇江商会对现在的领事和中国洋务代表的关系，有所抱怨。我告诉这些先生们，关于这件事，本人不能越俎代庖。如果他们认为领事不关注他们的贸易利益，恰当的处置程序应该是这样：给领事写一封抗议信，把不满之处讲清楚，同时向驻北京英国大使呈送一个副本，并回复询问。这样的处置程序，对我、领事和商人们来说，才是合理的做法。

我发现镇江贸易渐趋衰退，就询问镇江商人，原因何在。他们给我递送了下面这份纪要：

增补纪要

1898 年贸易

截止到本年 9 月 30 日，九个月来，镇江贸易日趋衰落。

可以作为可靠指标的进口贸易，业绩惨不忍睹。

鸦片	减少	白银 150000 两
棉纺品	减少	白银 1100000 两
毛纺品	减少	白银 100000 两
杂货	减少	白银 500000 两

合计：白银 1850000 两（277000 英镑）

1897 年全部进口贸易额是 13000000 两白银。

与去年同期相比，子口单贸易自然也相应减少，所发子口单少了 1000 张。

丝、皮和毛的出口贸易，价值额也大幅下降。

内地子口单贸易，也是经营惨淡，与去年同期相比，所发子口单少了 750 张。

美国商人可以免费领取子口单，所以，与美国商人相比，在子口单方面，英国商人没有优势（在"领事"一章，对这个问题有说明）。

在我们商会看来，贸易衰退的原因，可以归纳为以下几条：

（a）政局复杂，缺少安全保证。

（b）资金不足。

（c）山东水灾。

（d）导致严重的不安状态，且没有减轻的迹象，对贸易的损害最大。

（e）缺少资金是当务之急，原因有很多，然而，主要还在于政治形势。

1. 富裕的存款者从银行撤回大量资金。

2. 政府向富裕阶层强行借款，以支付日本战争赔款。

3. 北京政府多征税收，用于特别用途。

4. 外国银行缩减本地银行借款额度。

（f）山东、河南这两个重要市场，遭受了严重的黄河洪灾。据说，数百万人丧失了性命。这些区域受到劫匪袭扰，这里的人得不到保护，运送货物或财产就非常不安全。

应该再加上一条，地方政府专断和无理地定期禁运粮食，使贸易无法有序进行，对航运造成严重影响。

弗·格雷格森

镇江商会

1898 年 12 月

据考察，这里出口大量的山羊皮、丝绸、兽皮和羊毛。

这里有两家缫丝厂和一家蛋白厂（属德国）。中国人投资和经营的一家纺织厂，正在建造中。

除了外商贸易，在汉口和一些中转港之间，还存在大量的本地贸易。这些本地贸易货物，却主要由英国轮船负责运输。有两艘日本轮船，也参与了本地货运；他们的优势是日本政府的补贴。不过，他们的轮船较小，算不上强劲的对手。但是我听说，他们今年要增加船只。为了此地的贸易，德国人也打算开通一条航线。英国商人说，德国的轮船也会获得本国政府的补贴。

在镇江的英商认为，发展贸易的当务之急，是小轮船能够在内地水路通行，这将避免一些阻碍和勒索，因为这些障碍极容易影响一些小船的运输。

在这里，巡逻船又给我留下了深刻印象。在我看来，只有英国的巡逻船才能保障航运。据说，因为厘金已质押给了外资，所以地方官员将加重税收，来填补政府开支。

我乘坐南琛号第二次到镇江时，受到鸣炮十五响的礼遇。当地政府要员都来拜访我，其中一位是长江水师提督黄军门。他来自湖南，是一位有才智的官员，也是一位忠诚的爱国者，他对国家的未来甚为担忧。他不断强调，在最近的中日战争中，中国军队完全缺乏组织。他还告诉我，他亲眼看到，手枪子弹被送到配备来福步枪的士兵手中。我对黄提督表达了我的观点：如果中国力求完存，就必须把军队组织为一个整体；如果英国政府被邀请帮忙，她为自己商贸的安全着想，可能也会答应。他说，希望能如我所言，但是他又肯定地说，如果俄国反对，英国就不会坚持到底。他还说道，中国已被赠送给了俄国。

我察看了镇江各处的炮台，详情在"炮台和兵工厂"一章。

第十三章

江 阴

沿江检视炮台和军队的途中，我在江阴停留了几个小时。

我会见了李将军，他穿着黄马褂，是一个出色的军人。

谈到英国商贸将来的安全，他表示非常担忧。他说，由于资金不足，他现在不得不裁减兵员，并且还将持续裁员。他说，多征税会引起暴乱，所以政府不可能再多征税。

他有忧国之心。我说，英国会帮助中国整顿军队。他担心这件事做不成，因为俄国会反对。他说英国像一个年老的富翁，现在既没有精力，也没有实力去保护自己的财富，更谈不上冒险去挑起争端。

第十四章

汉　口（居民约800370人）

贸易统计

1897 年贸易总额是关平银 49720630 两（合 7100000 多英镑）。

1897 年货运总量是 1783042 吨，英国承运 1109853 吨。

我发现，英商对英国汉口商贸的未来安全极为担心。因为，在两省交界地区，军队和警察不仅数量不足，且效率不高。四川省已经爆发暴乱事件。商人们也接到消息，英国要在湖南这个最富庶的省份，以及洞庭湖一带发展贸易，一定会受到阻碍。尽管内河航运已经开通，但是在这个富裕省份，却没有直接的对外贸易。

十二月初我在汉口时，英国领事馆收到一封信，它详细描述了四川省的情况，内容如下：

你们大概现在已经听说，英国传教士弗莱明，十一月四日，在贵阳府以东300里的旁海被杀。电报从贵阳府发到这里需要六天时间，我仅在16日才得到这个消息，甚至现在也不了解任何详情。余蛮子的宣言，发动了平民，而贵州官员却无所作为。你们通过沅水，获得当地新闻的速度可能要比我快。温盖特在哪里？他从那个地方经过，我非常担心他。但愿他改走这条路，比较安全。

余蛮子和他的跟随者，大约有10000人，已经从成都回到了位于大足的家中。这次事件，烧毁了4000多所房屋，其中包括约三十座教堂；使20000人无家可归；造成的财产损失折合成白银至少也有6000000两（合850000多英镑）。关于如何处置后事，如何赔偿的详情，我也不知道。事件现在已经平息，成都的官员们正在做出赔偿。他们没有采取措施压制对方。这件事，不由令人感慨，外国人受到的打击很沉重，需要多年才能恢复元气。当然，这事现在还没有从根本上得到解决。事情随时会再次爆发，而成都人却不会给多少赔偿。新的司库和总督最近也到任，前者似乎是一位好人，但是他没有带来军队。政府拥有一支处事果断、充满活力的优秀军队，才是解决问题的唯一方法。

在这里，插叙一段余蛮子暴乱的起源，想必会引起人们的兴趣。余蛮子本是当地富户，在十二年前，与一位华人教民打官司争一块土地。当地神甫佩雷·庞斯支持教民，打赢了官司。这使当地人受到强烈刺激，因为，这件事使人们认为，当地政府害怕教父，如果神甫袒护教民，政府在处理教民争讼事件时，就不会秉公执法。余蛮子的儿子，聚集了几百人，在教民中闹事。政府在重庆西北六十公里，一个叫大足的地方，突施袭击，包围了他，并砍了他的头。当时余蛮子正在监狱中，没有办法；但是他被释放以后，发誓要报复。当我离开汉口时，余蛮子监禁了一位神甫，名字叫佩雷·弗勒里。奎总督告诉我，他担心不能平息事件，因为他要是那样做，余蛮子会砍掉神甫的头。

事件中损害的所有财产，都是法国教会的，这一点，我们应该特别留意。发生事件的四川省，据说是长江流域最富庶的地区。如果此事最近公开通报，今后，将会引起巨大的政治纷争，因为法国人希望派遣军队，保护她剩余的财产。

汉口英商召开会议，一致通过了一份态度强硬的会议决议（详见附录）。我要求他们，向英国政府和联合商会，分别呈送一份副本。

商人们抱怨，当地政府没有能力管控民众。究其缘由，是因为政府行政开支不足。之所以开支不足，是因为七处厘金局的税收，全部用于支付 1898 年 3 月 8 日向英国所借款项的利息。有一件事，可以证明商人们的说法不太正确。在十一月下旬，我到达汉口几天后，汉口发生了一场火灾。火灾漫延了两公里多长，烧伤 1000 多人，造成财产损失约 1300000 英镑。我们现在知道，是一个纵火犯点燃了这场大火。因为官方事先得到了警告，说有人要烧城，目的是制造骚乱，抗议把民众的税收支付给外国人。

我在这儿的时候，又发生了两起小火灾，也是有人故意纵火。

英国商人认为，鉴于这种环境，中国商人全部歇业，并且未来贸易也不可能发展，所以，英国的商贸受到严重破坏。缺少军队和警察，是所有问题的症结所在。

汉口英商提到，开发长江及其支流的水运非常重要，尤其是洞庭湖，它是湖南省这个富庶之地的大门。要开发上述河运，他们建议，英国应该在长沙派驻领事，因为长沙是湖南省会，湘江上的贸易枢纽。

他们指出，尽管岳州的开放，对贸易的发展极为有利，但它不是湖南的贸易中心，长沙才是。

他们还指出，新的内河航运章程，极大地限制了贸易的发展。因为，英商得不到内地居住权；在新的规定中，轮船只能在登记过的口岸之间航行。

汉口英商对他们在财产权方面的地位深为不满。汉口英商在租界外购置的土地，有中国政府的地契，又在英国领事馆登记过。关于地位的抱怨，正源于此。英商购买的土地，既有登记证明，也有界石，肯定应该归英国人所有，但是，却被在汉口的法国和俄国权势夺占了。毫无疑问，英国公民的财产，被法国和俄国领事随意地侵占了。

这件事，受到所有在华英商的深切关注，所以，应该在报告中详加说明。在北京的大使和外交部，也悉知此事。我将就我所知，详细报告这件事。这件事所涉及的英国洋行，主要是华昌、宝顺和怡和，其中，华昌是萨松等股东的代理。

1896 年 3 月，中国政府和法、俄两国确定了租界边界。然而，两国的租界内，有英国公民的土地。这样直接地划定法俄两国的租借，导致在租界内有地产的英国人，向英国政府抗议，反对他们的土地被划进租界。英国外交部致信驻华大使：不经汉口英商同意，他们的英国财产不能被划进法俄的租界内。

华昌洋行代表他们的客户，向法国领事出示地契，同时抗议把他们的地产划归法国租界，而法国领事，拒绝承认地契的有效性。

华昌商行的理由如下：

1. 地契已在英国领事馆登记过。

2. 土地的界石上，刻着所有者名字的首字母。这些界石，我也见过。

3. 中国法律规定，取得地权或者实际占有土地十年之后，地主就完全获得土地所有权。而上述土地，英商已拥有三十年了，所以，所有权应该归英商。

除了英国领事馆的登记凭证外，在界石上，还用中英两种文字，刻着地主或公司的首字母。尽管英国领事提出抗议，法国领事却不以为意，还挪走了这些界石。

不仅如此，法国和俄国的领事，不顾英国领事的反对，完全拒绝关于英属地产的任何建议，在土地中栽上他们自己的界石，扩张他们的租界。

1898 年元月 1 日，法国领事贴出公告，出售法国租界内的一块土地。公告中所展示的一些地块，本来属于华昌商行和其他一些英国公民。

华昌商行立即发布公告，表示反对，内容如下：

公告

法国领事馆预定在 4 月 7 日拍卖土地，公告中通知，计划拍卖 19 块土地。不过，其中的第 5、6 和 7 号地块，全部或者部分属于沙逊商行，地契已在英国领事馆登记过，记录在登记册的第 586 页；这些地块靠河、沿路，有 520 英尺长，最初有 400 英尺宽，现在多少有些出入（据中国人测量）；地主没有授权委托别人拍卖。

华昌洋行

（沙逊商行代理）

汉口

1898 年 3 月 27 日

正是因为这则公告，法国人拒绝华昌洋行的格里夫斯先生进入拍卖行。然而，华昌洋行客户的土地，却在拍卖行中售出。更为甚者，法国领事还以名誉诽谤为名，向法院起诉格里夫斯，不过，后来撤诉了。

拍卖会的结果，是法国领事不经英国公民同意，径直将确定属于英国人的土地给拍卖了。

这些情况可以说明，在新的法俄租界内，英国人将来没有财产权，业主权利会受到侵犯。

下一个是关于宝顺洋行的例子。俄国租界内有洋行的土地。

洋行最初在1862年就买下了这块土地，1864年到英国领事馆登记在案。1887年，洋行开始在这块土地上经营牛皮生意一直到现在。

1896年4月，法国和俄国设立租界。

宝顺洋行直接抗议，反对将他们的财产划归俄国租界。

1896年7月，英国外交部通过驻华大使，电告宝顺商行：不经地主同意，英国人的财产不能划归俄国租界。这个消息发了两次，一次在1896年3月，一次在7月。

从1896年4月到1898年12月，宝顺洋行抗议了19次，不同意把他们的财产划进俄国租界。1898年7月，宝顺洋行接到俄国领事的一份通知，警告他们，到1899年1月1日，牛皮货栈必须停止营业，否则将被俄方禁止。

1899年1月2日，哥萨克兵强行介入，阻止牛皮进入宝顺洋行的牛皮货栈，并且把仓库中储存的牛皮统统扔出。宝顺洋行向英国领事请求帮助，并恳请英国领事，允许商行招收临时警察，以保护财产。对此，英国领事建议，商行不要这样做，因为领事担心，英国政府不会支持商行的这些行动。

只要能在合适的地方恢复生意，被损坏的货物能得到赔偿，还有，因生意暂停不能按时履约的罚金能得到补偿，宝顺洋行完全愿意放弃他们原来的生意。宝顺洋行收到一块土地的报价，但是要价太高，另外，对强制搬迁的赔偿，俄国人只字未提。

对于上述问题，英国领事的态度是这样，他讲道：英国两家商行先在那些土地上经商，后来中国政府才承认那些土地是俄国租界。因此，即使英商的生意让人讨厌，那么，让英商承担因搬迁造成的严重损失，好像也不公平。何况，英商也很难找到一个完全合适的经营场所。并且，即使对他们的伤害停止，生意所受到的打击，也不是一些经济赔偿就能弥补得了。

另外一个相似的事例，发生在怡和洋行身上。在1862年10月18日到1864年3月26日期间，洋行购买了8块土地。这些土地的购买凭证，都登记在汉口英国领事馆。

这个事例和前述两家商行的经历类似。俄国领事拒绝承认怡和洋行契约的有效性。

尽管怡和商行多次抗议，英国外交部也明确发出通告——不经允许，所有英国人拥有的土地，不能被划入俄国租界；但是现在商行的所有地产，其中包括已经拥有三十年的那8块土地，都被划进了俄国租界。

为了汉口英国财产的利益，也为了保护这些财产，联合商会最好详细查阅上述事件的所有通信。

将来，汉口必定是一个富庶之地，一个贸易中心。因此，汉口及其周边的土地，会不断增值，那么，前面所谈到的土地问题，就非常值得关注。

尽管中国最近允许英国在汉口扩展租界是实际情况，但是我们不应忘记，法国和俄国的租界，可不止在汉口。他们已经在武昌城临江的一面，得到了大片土地。不久以后，这些土地将价值不菲，也具有重要的商业价值。

汉口、汉阳和武昌这三个地方，是中国的九省通衢。长江隔开了汉口和武昌；汉江隔开了汉口和汉阳。假如这三个地方发生暴乱，由于水道便利，只用小型炮船，就可以平息事端。

有人建议，由于中国把英国人的财产转让给了俄国和法国，那么，英国政府应该强迫中国支付高额赔偿。这是一种不仁义的做法，但是，所有外国政府在处理相似问题时，都是这种做法。一个欧洲国家，以武力胁迫中国屈服，满足对租界的需求；但是，中国既没有给予对方土地的权利，也没有拒绝对方的实力。马上，另一个欧洲国家，也会同样以胁迫的方式，强迫中国做出巨额赔偿，而这种赔偿，中国同样无力拒绝。这是颠覆中国政府和分裂中国的最好办法。

为了保护英国在长江上现有的商贸利益，也为了将来的发展，英国必须做一件事。那就是像在尼罗河上一样，派驻小型军舰，尽可能在长江上游的激流中，来回巡航，也要在鄱阳湖和洞庭湖，湘江和汉江中巡航。巡航水域中的汉江，可直接通往富庶的陕西省。一般说来，如果轮船的时速在 13 到 15 海里内，通过宜昌和重庆的险滩，应该不是什么难事。尽管在夏季汛期，长江一些地方的水位会上涨，水深在 60 到 100 英尺之间，可小轮船不受影响，一年四季都可以通航。我和刘坤一、张之洞两位总督，谈过这件事。他们两位说，由于非常担心发生暴乱，所以很高兴能看到炮船巡逻；并且，由于资金不足，他们不得不解散部分军队，也不能给剩余的军队发足军饷。为了增进中英友谊，帮助中国政府，可能在那些战舰上同时悬挂中英两国国旗。

阿奇博尔德先生是一位美国传教士，他说，希望英国能尽快在长江和洞庭湖上，派战舰巡航。因为美国修建的广东—武昌铁路将要通过湖南；而湖南省是中国最具排外情绪的省份。他认为，除非采取战舰巡航之类的措施，否则，肯定会发生严重的事件。

四川的动乱使国家深受其扰，因此，急需派战舰在长江上游巡逻；四、五月份水位上涨，对航行有利，所以，应尽快派战舰巡逻。

1898年12月，在上海、汉口、宜昌之间往来的商船，数量如下：

上海和汉口之间：怡和洋行3艘，太古洋行3艘，招商局4艘，华昌洋行4艘，日本2艘，麦克宾2艘，共计18艘。

宜昌和汉口之间：怡和洋行1艘，太古洋行1艘，招商局2艘，共计4艘。

现在，宜昌以上河段还没有商船行驶。

当四川和湖南两省，以及其他沿江省份，能开放通商时，商船的数量将会是现在的好几倍。

两艘正在德国建造的轮船，不久后将航行在长江上。

湖南、湖北两省总督张之洞已经在当地开矿。这两个省的煤、铁等矿产资源丰富。张总督刚开始经营一家煤矿和一家铁矿，两个矿区相距较远。此外，他还添加了两座炼铁炉，但是管理不当，并且距煤矿和铁矿太远，亏损严重。最后发现，把这些业务交给一家公司，反而经营得比较好。我也得知，这家公司现在经营良好。

我参观了铁矿，它装备有高炉，距离汉口76公里；由一位精明能干的德国人负责管理。铁矿产出三种矿石——褐色铁矿、磁性铁矿和赤铁矿，其中一些矿石质量非常好，铁含量可达70%-75%。以现在的开采速度计算，一个矿区可以持续6年，但是相似的矿区遍布整个地区。如果中方管理者诚实可靠，铁矿的收益绝对好。铁矿位于黄石。

包括监护、维修以及其他所有费用在内，每向铁厂交付1吨铁矿，德国经理只需花费白银1两；而满族管理者却需要花3两白银。为什么会有这样的差别，实在不明白。

湖北全省矿藏资源丰富，但是只开发了这一处。

铁矿装在大车中，沿着斜坡，由机车带动钢丝缆绳牵引前行。到了斜坡的末端，铁矿被转到铁路车皮上，用火车运到河边，再用船拖运76公里，最后运到汉阳铁厂。所有铁路设备都是英国产品。

领事历年来的报告都提到汉口的茶叶贸易。英国的茶叶交易规模在逐渐缩小。据说，俄国人垄断了茶叶生意。实际上，大多数英国商人采购的茶叶都是为俄国人代购。

三年前，俄国人开始租用他国轮船，不再租用英国轮船从汉口运茶叶。这种冒险给生意带来了灾难性影响，俄国人才回过头来，让英国的太古洋行承担茶叶运输业务。

对于英国茶叶生意的衰落，商人们自然有一些抱怨。但是，他们也承认，这是一个市场供需变化的问题：英国人更喜欢锡兰和印度阿萨姆的茶叶，中国茶叶就被替代了。这是个人口味引起的问题。

然而，英国的贸易利润，却来自俄国人的茶叶贸易。现在英国人垄断了茶叶运输业务。英国公司为俄国做运输工作，把茶叶从中国运到俄国，从中也赚了不少钱。

英国轮船承运了许多中国人的货物，这也是英国在汉口的贸易利润来源。英国轮船每一星期大约运输 1500 吨中国货物。

如果给予适当的安全保障，并且中国允许外国公司在内地开矿，长江上水运利润之大不可估量。我认识的中国人和外来传教士都跟我说，四川和湖南两省，矿藏资源丰富；但是湖南不欢迎外国公司，四川开发矿藏的规模很小。

在别处，我提出了如何获得安全保证，开发地方矿产的建议。

在这里，我想讲一件事。一位在汉口的俄国商人，热情地接见了我，并把我接到他们的工厂，向我展示了茶砖的制作方式。

他们的管理非常出色，工厂里的一切都井然有序。他们聘请的机械师，是一位苏格兰人。

在汉口期间，我和两湖总督张之洞阁下会谈过两次，时间长且有意义。这位总督对外国人友善和蔼，并且思想开放，值得称赞。他认为，必须开发中国，方法有两个：一是开发中国巨大的矿藏资源；二是改善全国的行政管理体系。

尽管总督有这样的想法，但他还是一位忠诚爱国的中国人。他在中国的影响力很大，也为国家做出了巨大贡献。

我想，联合商会将对我们的会谈纪要感兴趣。

第一次，我们谈了4个小时。我受到无上礼遇。我向总督清楚地表述了英国贸易团体的忧虑——普遍担心中国贸易的安全保障。我还指出，由于缺少安全保障，英国投资者不愿意在中国再投入资金，以促进贸易的发展。这个问题既影响中国人的利益，也影响英国公司的利益。关于问题的第一方面，总督直言不讳，他担心在辖区内发生暴乱，并且，如果事态严重，由于他缺少资金，也就没有充足的军队去平息暴乱。他辖区内的厘金局，以前收的厘金，都用于行政开支，现在都偿还了外债利息。他质疑这种做法是否明智，因为这些借款是用于整个中国。他认为，筹款还债，整个中国都负有责任，不能全由长江流域的厘金局来承担。

当我问到为何担心发生骚乱时，总督说，人民有一个深刻的印象——政府收的税，都给了外国人。中国人对外国人的敌视一直存在；缴税一事则进一步激发了潜藏在人民心中的仇恨。

我问总督，作为一名爱国者，是否担忧国家的未来。总督说，他非常忧虑；除非中国自己做出一些努力，否则将山河破碎。我进一步建议，如果中国政府恳请英国帮助她把军队组织为一个整体，那么，一定条件下，英国可能会答应这个请求。总督问，英国要求什么条件？我回答道，英国所提出的条件，总督都已拒绝过，那就是：在全国范围内开放矿产资源，改革管理，整顿税收，革新财务。

对于英国系统组织中国军队这一建议，尽管总督完全赞同，但是他问我，是否有可能像雇佣英国军官一样，同时雇佣美国和日本的军官。我回答说，这不是问题，而是一个绝佳的提议。我还建议，中国也应该雇佣一些德国军官，因为他们已经在中国训练过上万人。我进一步指出，英国人民没有这种想法——通过控制军队或者其他手段来主宰中国。维护中国的完整统一是重商国家的利益所在，所以，应该保证门户开放和贸易机会平等策略，使所有国家受益。总督请我就组织军队和财政方面拟写一个方案。我照做了，并且收到了诚挚的谢意。

总督相当坦诚地表达了他的忧虑——俄国军队在北中国的统治地位和优势。他说，即使恳请英国重组中国军队，英国也答应了，那万一遭到俄国人反对，英国肯定会撤回协议，因为英国害怕俄国。英国在北中国的行为已经证明了她害怕俄国。

总督告诉我，他已经收到北京总理衙门的来信和电报，让他按照我的建议，选派 2000 人，由英国人在他的辖区内训练，作为英国军官训练中国军队的开端。我把和总理衙门人员的总体会面情况，以及个别交流的情况，都告诉了总督（详见报告中"北京"那一章）。总督说，他在总理衙门的提议中看到，有两个难以克服的困难：第一点，也是最重要的一点，如果实施计划，选2000人在他的辖区内由英国人训练，这将直接导致一个后果——其他国家也会在他们称作"势力范围"的地方，训练和招募中国人，这样一来，中国就被分解了。第二点，满族和汉族军队不可能归于一统，他也没有指挥满族军队的权利，因为这些军队分属不同的指挥和管理系统。对总督的第一点看法，我完全表示同意。但是我说：因为英国现在的商贸分散在中国各地，所以，英国政府不会只在个别省份组织军队，而会从整体上把军队统领起来。不管怎么说，如果不经英国政府同意，我甚至无权训练那2000名士兵。这是两国政府的事，我和总督都解决不了。

总督也认为，这里的财政遇到了很大困难。几乎全中国各个省份的防务预算，我都熟悉，所以，我向总督说明：如果按照预算花费资金，中国不用额外征税也能有一支高效的军队。很大一部分预算资金，其实装进了一些官员的腰包；剩余资金的大多数，浪费在兵工厂。它们制造的那些军用物资，既无用又过时。

第二次会谈进行了两个小时。总督非常关心我最初和总理衙门的交流情况，以及在汉口和他们的通信。他极力赞同雇佣外国军官重组中国军队，不再有阻挠的意思。我特意向总督表达一个意思：我的建议只关乎商贸利益的保护、未来的发展，与国政无关。

总督邀请我视察他掌管的兵工厂，并就视察情况，给他写一份报告，报告内容写在"兵工厂"一章。

我在汉口时，接到余道台的两次邀请。他主管中国海关。他说自己对英国人非常友好，并希望英国坚持内阁宣布的政策——对所有国家开放贸易门户，因为这个公告，能维护中国的完整。然而，他对此也有点儿担心，因为他认为中英两国政府都害怕俄国。

他转交给我张之洞总督的一封信，总督感谢我在组建军队保护商贸方面的建议。

在汉口时，我拜访了盛宣怀阁下两次。他是中国铁路大臣，是一个精明干练、积极有为的中国人。他对中国的前途充满忧虑，认为中国很快将四分五裂。他说在过去几年中，他屡次上奏，恳请政府筹建陆军、海军，由英国军官负责组织训练。他指出，这样做没有风险，因为英国是以商为本，需要中国军队保护他们的贸易，不会有政治企图；就像罗伯特·赫德一样，英国军官也是中国的服务人员。他说，各省分别练兵，达不到统一军队的目的，还会招致其他国家纷纷仿效；如果要练兵，就要整体上统一筹建、组织训练。

盛大臣对所有财政问题，都非常感兴趣。他恳请我利用在联合商会的影响力，说服商会允许中国修改税法。我说，除非中国在修改税则时，能同时整顿国家的财务系统，否则英国肯定不会接受这个提议。不平等的厘金和落地税，以及不定期的强行征收，给英国的商贸造成了很大障碍。

盛大臣认为，由于英国害怕俄国，所以在中国没有主动权。他说："我们许多人说，想让英国人帮助我们，没什么用；英国什么也没做；俄国人却做了一些事情；俄国才是比较强大的国家。和俄国人做朋友，才是明智的选择。"我问盛大臣，是否有影响力的中国人都持这种观点。他说："有一些人认为，如果中国大胆地依靠俄国，将会拯救中国，因为这样做可以避免列强掠夺中国。如果中国人民觉得政府无力阻止欧洲列强瓜分中国，中国的分裂在所难免。"他邀请我在汉口多住几天，商讨重组军队事宜。对此事，我婉言相拒。因为，在1898年10月22日，总理衙门最先向我提出这个建议（详见"北京"那一章）。也就是说，为了保护贸易利益，中国请求英国政府帮助她重组军队，但是这一方法没有实施。

盛大臣认为，如果长江流域上的各省总督能够先于政府实施练兵策略，将会对中国有利。他请我前往黄石参观他的铁矿。此矿以前属于张之洞，现在由盛大臣和一家公司合作经营（我应邀参观了铁矿，在报告中有详细记录）。

盛大臣还开了一家煤矿，在湖南的天磁山，所产煤炭适宜炼焦碳，供汉阳铁厂使用。

盛大臣也邀请我参观了汉阳铁厂。铁厂内，两个比利时人负责管理；一位英国商船船长，负责从矿区到铁炉的运输业务。中国人最初投资了750000英镑，建成此厂。铁厂已经营了7年，最初由英国人管理。有两座大型铁炉，都来自英国提赛德铁厂，但是仅使用了一座。现在每天出产生铁75吨。这里也有完整的贝塞麦炼钢设备，每天能产出 80 吨。我在这里时，整个铁厂正在为山海关铁路制造铁轨，每天能制造 120 吨铁轨。铁厂有雇工 1000 人；大部分机器来自英国。铁厂所用煤炭来自 200 公里外的湖南天磁山，用小船运过来。煤很好，就是开采方法陈旧。中国人用锄头和铲子，在矿面采煤。整个湖南省到处都有煤，并且，无论无烟煤还是烟煤，质量都很好。

湖南省所有露头层矿区，都相距不远，但是离航运水道则比较远。

如果政府允许英国和比利时人拥有绝对管控权，这些铁厂能带来丰厚利润。这里存在着管理不善和浪费资金的现象。汉阳铁厂里的炼铁高炉，有时被迫停运。因为铁厂不是煤炭供应不足，就是铁矿供应不足；经常是两者供应都不足。

据我所知，在矿区每吨煤价值 300 文，约 7.25 美元，到了 400 公里以外的汉口，就价值 9 美元。

汉口有一家公司经营锑矿，锑矿是从湖南用小船运来，收益很好。还有两个中国商人，经营锌矿和铜矿，他们的矿石也都来自湖南，收益也很好。

铅矿和锡矿也从湖南运到了汉口，我见过矿石样本。

如果湖南的这些矿区对外开放，允许外国人投资办厂，那么每个公司都会向中国政府缴纳使用费。因此，外国公司能获取巨大财富；中国政府也能得到一个新的、绝对有利润的税源。

虽然湖南省现在是一个富庶之地，人民非常富裕，但是，湖南是中国排外最严重的省份。外国人来到湖南，即使有满族官员帮忙，用军队保护他们，做事也是冒着生命危险的。传教士们和一位先生，曾在危险中侥幸逃脱。他们把这些经历告诉了我。

　　1897年，有一位英国传教士，名叫斯巴赫，到远处的衡州。那里有一座百年历史的法国教堂。斯巴赫已看到了教堂上的十字架，但是当地人却不准他上岸。

　　岳州位于洞庭湖的入口，是一个新的通商口岸。英国向此地派驻了一位领事，这样做很正确。不过，在开发湖南之前，应该首先向长沙派驻领事。长沙距离汉口296公里，是湖南的省会，也是湖南最重要的城市。湘江流过长沙，江水清澈碧绿。长沙附近地区盛产稻米，是一个巨大的稻米交易中心。此外，湖南还出口大量的茶叶、牛皮、五倍子和上等丝绸。

　　这里有六艘小轮船，由华人经营，往来于汉口和湖南之间，主要用于载客，有时也拖运小船。

　　这里也有金矿和银矿，不过藏量不多。

　　我在汉口时，听说湖南发现了一个藏量巨大的金矿，但是关于它的位置，中国人三缄其口。湖南人排斥外国人，以下事例可以为证：1898年6月，一家湖南人开办的公司从美国买了大量的装备，建了几个工厂开采和加工金矿。这些设备耗资20000英镑，是最新式和最复杂的机器，用于选取黄金（称为亨廷顿磨粉机），由离心机带动。机器需要美国公司派人来安装和调试，以保证机器能正常使用，但是中国人不听这一套。当年 12 月，公司派来一位美国人（我会见过）来查看机器的运转情况。中国人说，机器运转良好，但就是不让美国人看机器。

汉口到广州的铁路要经过湖南省会长沙。这对发展贸易非常有利。但是，贸易要繁荣起来，必须具备以下条件：维护湖南省内的大量河道，保证水运畅通；有炮船巡逻，保护商人们的贸易。

汉口有两家蛋白厂，收益很好，由外国人投资，外国人掌管。但没有英国人参与其中。

这里还有一家火柴厂，规模很大，效益很好。工厂建于 1897 年 7 月，投资白银 300000 两，约 40000 英镑，全部是中国人投资；工厂也由中国人管理。

这里还有一种大宗贸易，有一个奇怪的外号——"垃圾和马车"贸易。贸易的利润很高，主要经营兽皮、猪鬃、骨头等东西。这种生意几乎都在德国人手里。不过，英国人逐渐意识到了这种贸易的重要性。

这儿也有竹材贸易。竹子来自内地，由洞庭湖运来。

此地也有羊毛和羽毛贸易。

洋货在湖南的销量很大，都由中国人经营。对英国兰开夏的货物来说，湖南是最好的市场，并且，如果中国全部开放，销量将会成倍增长。这里的洋货都从上海买来，再卖到湖南的。

湖南的贸易状况充分说明：外国人要想发展贸易，必须获得在内地的居住权。

张之洞总督在汉口创办了一家棉纱厂，据说效益很好。但是，厂里存在着浪费现象，管理方面也受到满族人的干扰。毫无疑问，如果交由此地有能力的英国人独自管理，不受干涉，工厂的效益绝对好过现在。

汉口地理位置优越，将会成为南北铁路的交汇中心；也是中国中心地区所有水运航道的枢纽。汉口的优势，和美国的芝加哥相似，将来肯定像芝加哥一样，是一个繁华的城市。

在总督的邀请下，我参观了兵工厂和武备学堂，并视察了他的军队。详细情况，记录在报告中"炮台和兵工厂"那一章。

第十五章

福　州（居民约636351人）

贸易统计

1897 年贸易总额是关平银 13556494 两（1900000 英镑）。

1897 年货运总额是 641795 吨，英国承运 470239 吨。

1898 年 12 月 20 日，我到达福州。当地商会提了一些建议，请我转呈给联合商会（详见附录）。

1842 年中英签订《南京条约》，其中第二条规定，开放整个福州城作为通商口岸。但是直到现在，福州只有小南台岛可以看作是通商口岸。

英国商人对厘金税怨声载道。

中国官员认为，福州的城区和所有郊区，不在条约划定的开放范围之内。

商人们认为，所有进口货物经海关检查和缴税以后，进入福州的城区和郊区，不用再缴税。

但是，政府把福州的城区和郊区看作内陆，向进口货物征收很重的厘金税。然而，这些货物从南台岛运到福州城，中间只有大约3公里的距离。

当地政府强行征收厘金税，严重损害了口岸的贸易。

这里有一些英国商人，从事口岸的茶叶和土产生意。他们指出，在与印度、锡兰和阿萨姆竞争茶叶生意时，繁重的厘金税是最大的困难。

现在这种税收制度，是茶叶生意快速衰减的原因，并且，如果持续实行下去可能会破坏所有的生意。

闽江上，有6艘小轮船，在福州和水口之间做航运生意，但是，永福江上却没有一艘。

毫无疑问，如果英国人在这里投资航运业务，必定盈利。但是，像其他口岸一样，我关注的是航运受到的限制。新的航运章程规定，轮船只能载货，而且只能在登记过的口岸之间航行。

在江上从事航运的轮船，只有中国人的船只是个例外，不受章程限制。那些船只由中国人投资、管理，船员也都是中国人。

闽江河道的状况引起了我的注意。我看到，现在的河道淤塞严重，据说，很快会变得更严重。由于轮船不能通过河流在定居地装卸货物，这就影响了贸易。并且，河流水位下降，也经常碍事，妨碍轮船在定居地和中国塔之间航行。中国塔距定居地 9 公里，定居地离海边有 34 公里。

据我观察，如果中国塔到定居点之间这段河道，得不到及时维护，那么，两地之间的水运很快就停止了。

这里的人们沿河放置渔栅、倾倒垃圾和压仓渣，使河道变得非常窄，在涨潮时也仅有 11 英尺宽。

中国塔以下，金牌关以上这段河段，7 年以来水位浅了 2 英尺。

这里有一个国际贸易董事会，由一位俄国将军，两位中国道台组成。它是妨碍贸易的另一个巨大障碍。

最高当局把所有国际商务都委托给了董事会。但是他们没有固定的身份，也没有下命令的权利，所以，当地官员几乎不理睬他们的要求。

英国政府，从来没有正式承认过这个董事会。但是事实上，这个董事会不断介入英国领事和总督之间的事务。

比如，总督发到广东、武昌或南京的指令，对地方官员的影响力，和董事会中两个道台指令的影响力有很大差别，这一点不难想象。但是，董事会这种指导贸易的方法，在领事和总督之间制造了摩擦；它所耗费的时间，也确实对贸易不利。

为了证实上述情况，我拜访了英国领事，并且向他表示：联合商会对任何有助于促进英国商贸发展的情况，都很感兴趣。他让我看了写给南台岛厘金税官的一封信：

根据《南京条约》第二条，福州是开放口岸之一。外国人在这里经商，只缴纳条约中规定的税收就行，也就是只缴纳进出口税。然而，你们的官员，打算把位于河南岸，离城门两公里的洋行，说成是福州城。

此外，条约的制定者明白，英国商人进口货物，是为了卖给中国人，他们也制定了相应的税率。但是，你们的官员，准备收一种进口税——进口货物仅仅进入英国商行就得缴纳；要想把货物卖给中国人，商人还得再缴税。很明显，这种做法违背了条约的规定。

1898 年 7 月 12 日

领事很努力，开始参与免征厘金税事务了。这种厘金税，仅针对信中提到的英国洋行。

在福州期间，我拜访了许应骙总督。他举行盛大仪式欢迎我，对我充满敬意。

见面仪式过后，我告诉他，我不是一名政客；我的使命是调查英国商贸的前景；将就我所能，为商贸的发展提一些建议，向联合商会报告现在贸易的保障情况。总督表达了他对英国的友谊和好感。我对总督说，英国国内对中国也是这种感觉。英国人民迫切希望两国保持友好关系；商贸是英国人民的巨大利益，只有维持这种关系，才能发展和推广商贸。总督说，英国已经表现了她的善意，她是唯一一个不企图强占中国领土的大国；希望英国能努力维护中国的完整。总督还说：为了保卫自己，中国应该有一支军队。我说：有四个大国掌控了中国的外贸，如果中国请他们帮忙重组中国军队，那么在一定条件下，这些国家很可能会答应。总督问，这些国家要求的条件是什么？我回答说，现代商贸的发展，有一些系统的要求，为了遵循这些要求，中国必须做到：改革管理体制，修改税法；利用外资促进工业发展，开发中国大量潜在的资源；以及其他必需的改革。

我指出，现在这种地方军队体系，是一种不合适、浪费资源、并且完全失效的体系；中日战争这样灾难性的后果，就是因为军队由多位总督管辖，组织协调上相互脱节。

总督似乎认为：这种地方军队体系，已经运行了好多年，所以最适合中国。我向他指出：中国聘请罗伯特·赫德先生负责管理中国海关，处理来自全世界的业务，做得非常出色。赫德处理的事务可不仅是某个省的事务，而是全中国范围内的事务。这时，总督改变了他的想法，说道：你说的是实际情况，这说明如果从整体上处理事务，能在一个部门行得通；那么，在其他部门也能行得通。在交流了一些重要问题之后，总督甚至说，就这个问题，他要向中央政府呈送报告。总督问我，是否愿意视察他的军队，参观造船厂和炮台。如果我愿意，他会安排所有事情，用他的汽艇送我到炮台，并派高级官员引导我视察和参观。他也问我，是否会给他写一份报告，告诉他如何提高军队的效率。后来，我照做了。

总督也非常关心国家的未来，但是，没有其他总督那样热心。他上任刚一个月。

参观兵工厂以后（详情在"兵工厂"一章），我拜访了曾祺将军，他热情地招待了我。将军独自掌管着工厂。我到工厂参观，需经过他的准许。我和他交流了工厂的详细情况，指出了工厂里存在的浪费现象。我还告诉他：花费巨资，创建一支舰队的想法对中国没用，至少在现在没用。中国应该调整注意力，在全国组织和创建一支用于治安的陆军，为那些想在中国投资、发展贸易的国家，提供安全保障。将军问我，能否写一份详细的规划，说明组建一支高效的陆军，需要配备多少必需品；能否计算出这些必需品的成本。我按照将军的要求，写了一份规划。将军回信，表示非常感谢。从这封信的内容可以看出：将军极为聪明，很有见地，对我非常友好。

我认识到，福建省的财政状况极为糟糕；并且，工厂里官员的薪水也难以找到财源。本来他们应该在 1898 年 12 月 1 日领薪水，但是直到当月 23 日，也没有领到。

第十六章

汕　头（居民约40216人。）

贸易统计

1897 年贸易总额是关平银 28398001 两，约 4000000 多英镑。

1897 年货运总额是 1917027 吨，英国承运了 1655864 吨。

去往香港之前，我访问了汕头。包括传教士在内，汕头大约有 200 名欧洲人。

1858 年中国签订《天津条约》，汕头第一次成为开放口岸。

英国商人召开了一次会议，通过了一份决议，委托我呈交给联合商会（详见附录）。

汕头的主要贸易品是糖，不过现在生意平淡，没有发展。

这里的茶叶贸易过去也很好，但是现在已不行了。

这里有一家豆饼厂，据说生意还好。

汕头人的自治意识很强。官方征税的额度，从来达不到中国其他地方的数额。

不久前，官方试图增加厘金税，设立一个厘金局，结果，人民直接推翻了它。

汕头的地方政府手中没有军队，所以，他们害怕当地民众，也不能强制施行不合理的命令。结果就是，过境的厘金税确实不到2.5%。不过我不能确定，除了棉纱，这种过境税是否适用于所有货物。我不好说，是否汕头人的自治意识起了作用，但是，在汕头附近地区几乎没有官方代表。距汕头30公里的潮州府，人口超过一百万，政府中仅有一名四等官员，四名衙役或警察。这里的社会秩序非常好，远超中国多数地方。之所以如此，是因为：1870到1872年间，北京政府派遣了一位方将军，带领军队到此地平息地方宗族冲突。将军在这里战斗了一段时间，大开杀戒，直到现在，这些宗族才开始恢复。

关于广东省的矿藏资源，我看到过一些报告，听到一些说法。但是，除了皇家工程兵弗莱明上尉以外，外国人没有调查或记述过这件事。

大约在八年前，中国人成立了一家公司，投资开矿。但是，一个故事开始传播开来：如果引进机器，并开发乡村，那么，所有的妇女将不会生育。这个故事产生影响，采矿计划最终被放弃了。

与厦门人不一样，汕头人自己生产食盐。尽管食盐本由国家专营，但是，官员无能力或者不愿意强制施行相关规定。汕头的渔业发达，人们自己生产食盐，也获利很多。

大多数英国商人对现状感到很满意。他们的生意主要是运输业，大约有6艘轮船，往来于潮州与三和浦之间。

自新航行章程实施以来，这里只添了一艘轮船。原因呢，我在这份报告中经常提到，那就是章程的限制太多。

汕头和牛庄有大量的贸易往来，90%的货物都是由英国轮船承运。

英国的布匹生意与美国相竞争，在汕头的情况好于中国北方。美国的所有货物都是由英国运输，所以，英国自己的货物有时就要优先销售了。

英国商人指出，应该尽快在汕头和内地的潮州府之间修建一条长约35公里的铁路。这条铁路很容易建成，因为通过的地方都是平地，也不需要花费太多资金。汕头和潮州之间贸易繁盛。现在，所有的贸易都是通过水路，而这条河的水位平时就比较浅；要是到了旱季（冬天），水位会下落到10英寸，所有货物都得用舢板来运。

我问他们：很明显，这是一个好建议。为什么不投资和申请特权？门罗先生——布莱德利公司的领导告诉我，早在1888年，怡和洋行就测量过地形，制订了可行性计划。一年前，布莱德利洋行向位于广州的政府提出申请：允许他们和一些中国朋友共同投资修建铁路。他们没有收到直接回复，但是，他们认为，计划一定受到了反对。

另一件与此相似的事件也表明，这种限制对贸易的发展是一种致命伤害。这个事例引起了我的注意。与上述事例一样，还是布莱德利洋行。1892 年洋行制订了一个计划，为汕头提供淡水。他们计划把含盐、浑浊的河水变成淡水；而且目前这件事还没有人做。中国人筹齐了资金，洋行也做过调查购买了土地，总之，所有事情都准备好了。然而，就在这时，附近居民反对这个计划，计划也就夭折了。但是，居民反对这个计划的原因，他们一直不清楚。当时，道台确实支持这个计划，但后来放弃了。他坦率承认，是害怕人民。

目前，这里没有什么实质性的贸易机会。

第十七章

厦　门（居民约96370人）

贸易统计

1897 年贸易总额是关平银 12973616 两，合 1800000 多英镑。

1897 年货运总额是 1727251 吨，英国承运了 1417135 吨。

从上海到香港的途中，我参观了厦门。厦门坐落在海门岛上，位于北支江口。

通过 1858 年的《天津条约》，厦门第一次对外开放，成为对外通商口岸。

我会见了当地商会人员。他们委托我，向联合商会转交一份建议书（详见附录）。

我发现，在二十年前，茶叶贸易是厦门最大的生意；但是现在却明显衰落了，茶叶生意完全绝迹是早晚的事。究其缘由，在于印度和锡兰茶叶的市场竞争。

我在厦门时，茶商手里有一些存货还没售出。但是茶商告诉我，他没有机会销售。我问，有什么好的建议可以改变现状。他们给了我一份建议的副本，是1896年2月18日，厦门商会呈给海关税务司长的一封公文，现节录一部分，作为对问题的回应：

厦门总商会

厦门乌龙茶出口生意衰落，一是因为台湾乌龙茶的竞争，二是厦门茶的质量逐年下降。我们可以提升质量，重新占有市场。但是厦门商会认为，中国人不能独立完成这些改进；并且，商会没有能力帮助你们指导茶农，提供有建设性的意见。

不过，如果你们敦促中国政府采取以下五条措施，我完全相信，茶叶贸易会有所改善：

1. 从印度和锡兰延请有资历的茶工，整改茶山，把最新的制茶技术教给中国人。

2. 在内地引进机器制茶等方法，由西方人负责管理，以改进制茶方法。

3. 在出口口岸征收厘金。

4. 出口税和厘金的总额，不能超过日本所收税额。

5. 对于制造和包装茶叶的材料，应尽可能降低关税；用于包装的铅皮，应享受退税政策。

然而，据以上信息，我认为在短时间内，厦门的茶叶生意不会恢复生机。台湾的茶叶通过厦门出口，几乎都运到了美国；印度的竞争也没有影响厦门的茶叶生意；这里也没有茶叶出口到俄罗斯。

我所考察过的口岸中，厦门是第一个贸易额下降的口岸。我尽力寻找原因，以下事实可以说明问题：商人们对厦门周围的厘金税，充满怨气。繁重的厘金税和地方税，使欧洲的货物，销售不到二十公里以外。

我得知，由于地方征税过重，这里的工业难以起步，即使起步也难以为继。

我寻求实例为证。当地商人领袖卡斯先生告诉我：他曾经为中国人筹建一家面粉加工厂，但是，政府的重税，迫使他放弃了这个项目。

欧洲人没有内地居住权，所以，中国政府不准他们自己开工厂。在这种情况下，如果外国人以中国人的名义开办工厂，中国人也要被政府征收重税，所以生意就做不下去。以上例子说明，卡斯先生和中国人一样，两者都是受损失者。这些事例也表明，目前的情势，对英国的贸易不利。

与卡斯先生相关的另一件事，引起了我的注意。厦门附近有上好的泥土，可以制砖。卡斯先生和一些中国人希望建立一个砖厂，用机器制砖。但是，在申请时，中国政府官员却说，他们希望保护人工制砖的老式工艺。如果允许卡斯先生们用机器制砖，在砖的贸易方面，厦门将会有巨大的发展。

在厦门，另一种被扼杀的生意是咸鱼贸易。虽然当地人能自己制盐，但是盐业由国家专营，政府管制很严。结果，人们不得不从新加坡进口咸鱼，但是价格很贵；如果人们在当地制作咸鱼，价格就不会这么高。在"汕头"一章中，我曾讲到：汕头政府权势不大，人们可以自己腌制咸鱼，因此，汕头的咸鱼产业蒸蒸日上。条约规定，禁止进口食盐，食盐由政府专营。结果，由于官方的勒索、征税和压榨，中国国产食盐的成本变得非常高。这是一种实际情况：如果允许进口食盐，对它征收50%的关税，价格也比国产的低，这样对人民有利；对政府来说，也是一个好的税源，有保证的税源。

我想评论一下食盐专营。它抬高了食物价格，变成了针对穷人，而不是富人的一种税收。毫无疑问，这种专营，影响了中国人身体的精力与活力。就我所掌握的情况来看，食物中缺少食盐，确实是许多流行病发生的原因，而这些流行病本来可以预防。

食盐禁止进口，并且，按照条约规定，进口咸鱼要以价值的5%作为税收。因此，厦门人吃的咸鱼，几乎都是从海外进口。厦门海岸盛产各种鱼类，如果废除食盐专营制度，咸鱼贸易将会蓬勃发展。

谈到持续发生在中国的饥荒事件，我在厦门，可能发现了这种灾难不断发生的原因。

粮食可以自由地从海外进口，但是，不经中国政府特别许可，不能在不同地区之间贩运。

我在厦门时，加德纳先生是英国领事，到此之前，他在长江上游地区当领事。他给我讲了一些有意思的细节，说明现在的禁运是在浪费资源。他记得，在漳州和潮州，稻米是 2 美元一担；厦门距两地约 30 公里，米价是 3 美元一担。但是，政府不允许稻米在这些地方之间流通。

当地稻农，只把本地当作市场，自然地以本地的需求为限，不生产太多的稻米；并且，如果本地稻米的产量不足，价格上涨，他们也能从中获利。

如果本地粮食大量减产，其他地区也供应不了粮食，那么，饥荒就在所难免。

加德纳先生告诉我，在长江上游地区，每当洪水过后，像尼罗河一样，沿江都会沉积大量淤土。在这些土地上，不用耕种，不用施肥，小麦也能丰收。人们只要把种子撒在正在退去的洪水中就行。然而，由于各地区间的粮食禁运，长江流域的人们不会利用这种自然条件，以增加自己的财富。

加德纳先生还告诉我，他曾亲眼看到，在整块整块地里，成熟的玉米被糟蹋。人们要么把牛赶进田里；要么砍掉叶子，把玉米秆当柴火烧。

上述这些弊政，不可避免地会使很多人生活贫困，也是阻碍英国与中国发展贸易的因素之一。中国人手里有足够的钱，才会购买我们的货物。如果能够整改这些弊政，就能保证整个地区人民的生活，增加人们的幸福感和满足感，使人们有钱购买外国产品。那么，在这种改变了的环境中，外国产品就会成为人们生活的必需品。

商人们告诉我，这个地区可以大量种植小麦。但，我指出，由于禁运，所以不值得任何农民花费时间，从事这种产业。

广东省有丰富的煤炭和铁矿资源。早在 1882 年，皇家工程队的弗莱明上尉，就在此地勘察过，他在报告中说：在距厦门 40 公里的地方，发现了煤矿和铁矿。矿区长度超过 55 公里。由于当地政府消极反对，到现在也没人来开发这些矿藏。

如果外国人能获得内地居住权，毫无疑问，这里能有一些规模巨大、利润丰厚、日渐发展的产业。弗莱明先生发现的产矿地，名字叫安海。

只需要修建一段 20 公里长的小型轨道或铁路，矿产就能运到码头。

有人告诉我，日本正试图获取特权，想得到这些矿藏。

就我所关注到的所有情况来看，是官员顽固的保守主义政策，致使厦门贸易发展困难。

这里的厘金税比我考察过的任何地方的厘金税，都令人恼恨。子口单的范围非常小，关卡非常多，限制了货物的运输，并且这里的管制还比较严格。商人们告诉我：他们从来不知道厘金税要在哪里交，交税的日期和数目一直在变动。这里的厘金税名目繁多，是当地厘金税的一大弊端。

我发现，在新的航运章程实施以后（外国船只可在内地航行），这里新增了十二艘新轮船，其中六艘悬挂的是英国国旗。

从厦门移居到新加坡的中国人，每年约有十万，其中有一半留在了当地。新加坡政府是否乐意接受中国人，我不太清楚；但是，厦门人与英商的关系最为友好。维多利亚女王登基周年庆典的时候，厦门的中国商人也自觉地张灯结彩，表示庆祝。

这里有个例子，可以说明中国人对英国人的信任。在日本占领台湾之前，一些中国人邀请布鲁斯和卡斯两位先生——两位英国商人，到台湾去劝告华人。在二位先生的劝告下，台湾人放弃了武力斗争。

第十八章

康有为

1898 年 9 月 30 日，我到达香港。这时，新党领袖康有为乘坐 p. &o. 公司的轮船，由英国战舰护送，也刚刚到达香港。

在中国开放的可能性，以及随之而来的商贸发展，我想听听新党领袖的看法，所以，我邀请康有为先生来拜访我。政府悬赏 10000 元抓捕康有为，所以，他在警察的保护下来与我见面。这次会面，我们谈了很长时间。他告诉我：新党的主要目的是引进西方理念；如果中国自己不进行改革，适应现代社会，那么她一定会走向分裂，并且被孤立于世界之外；新党人员充满爱国热忱，旨在维护中国的完整和支持朝政，但是，除非中国看到适应西方理念的紧迫性，否则，新党的这两个目的就不可能实现。他说，当今皇上与新党一样，充满爱国热忱。他说，新党人曾经恳请皇上聘请英国人，来帮助实施革新政策；如果再不改革，中国就彻底无望了。

我问康有为，与其他国家相比，为什么比较重视英国？他答道：相比于其他列强，中国对英国了解得比较多，中英贸易规模也比较大，因此，帮助中国对英国有利；另外，英国是真正的生意人，中国人信任她；虽然过去中英两国之间有过战争，但是，英国在战争期间和战胜以后，都表现出一种君子风度，没有令人不齿的行为。

我向康有为询问现在新党的状况。他说，新党被彻底镇压，但是还有生机，不久将会重新兴起。

中国现在必须进行改革，否则将会走向破裂。然而，不知道爱国的新党人的革新，是否来得及，这就是中国的危险所在。

我问康有为，9月28日，哪几位新党人被公开处决。他说，政府处决了六名新党人，他自己的弟弟也在其中；六个人都是谦谦君子，家庭出身好，受过良好教育，个人修养也好。康有为本人就是中国的一位知名学者。他说，在东方的变革中，流血牺牲在所难免；如果中国没有破裂，后人将对这些爱国英雄致以敬意，因为他们为中国的改革牺牲了生命。

我问康有为，如果新党能够主政，他们是否会开放中国，参与世界贸易。他说，肯定会这样做；因为这样可以使中国更加富裕，也能增强国力，维护中国的完整。

他递给我一张很长的名单。单子上列的都是爱国人士，他们都支持改革。我问他：是否能跟我解释一下，为何有这么多的社会精英支持改革。因为，英国人一般都认为，希望改革社会的中国人，非常少，且散在各地。他答道：这些人都受过教育，知道中国的问题出在哪儿；他们都确信，有着 4000 年历史的中国，如果不进行改革，必将支离破碎。

我提醒康有为，中国有 430000000 口人，并问他能否告诉我，有多少中国人支持改革。他回答说：他目前没有考虑这些，因为民众不懂改革。但是那些支持改革的有识之士，正在向民众宣传——如果他们提倡的改革办法能够施行，那么，国家会更富裕，税收也会公平。我问他：会不会发生暴乱。他说：现在没考虑。新党的领导人，现在不是被杀，就是被罢免官职，改革之路被阻断了。但是，只有改革才能救中国的理念，肯定会得到支持，改革的力量不久将会重新兴起。

除改革以外，我们还谈论了许多话题。由于它们都是纯粹的政治问题，和商贸无关，这份报告里就不记录了。

康有为给我留下了深刻印象——忠君爱国，大公无私。他的努力毋庸置疑，不过让我感到遗憾的是，他的改革没有章法，做事太急躁，结果适得其反。他们在没有充分准备的情况下，就开始推行改革，当然会失败。从理论上讲，他们的改革利国利民；可在实际操作层面，由于缺少合理的组织方法，得力的行政团队，他们的政策就产生不了影响。我向康有为指出：那些陈规旧俗，支配了中国社会几千年；你们想在几个月内，靠政府的几条临时法令，不可能彻底改革了它们。康有为也承认这种实际情况。

中国买办，隶属于大的商行。每当遇到他们，我都会征询他们对革新运动的看法。他们受过最好的教育，是中国人中的佼佼者，不仅熟悉中国国情，也熟悉西方的文化思想和历史。他们当中几位，曾直言不讳地说，中国必须改革；他们都认为，这次革新运动进行得太匆忙，也缺少人事组织保障。

1898 年 12 月 25 日，我第二次到香港考察。

我离开香港之前，香港商会主席格瑞先生召集会员开了一次会。这次会议很重要，英国联合商会可能会对会议发言概要感兴趣。会员们希望，我能向联合商会转达他们的谢意，感谢联合商会，派代表来中国考察英国商贸。他们说，就中国现在的局势来说，这样的考察，对英国的利益来说，非常必要。他们认为，每一位对中国贸易感兴趣者都应该认识到，门户开放是最基本的原则，没有这条原则，就没有贸易。他们指出，尽管领事和商会都很努力，但是，中国却无视中英之间的条约，各省都有苛税；受这种繁重税收影响，贸易也不会有所发展。他们希望我能向联合商会提出要求，利用联合商会的影响力，把《天津条约》中的贸易协议，完全落到实处。

1899 年 3 月，我回到英国以后，在香港的中国商人，寄来了一封信。我把它抄录在报告中，以说明中国人的看法：

致贝思福先生：

请允许我们给您去信，谈谈我们对中国问题的看法。为了完满地解决中国政治和经济问题，你不辞劳累，积极努力，到远东地区考察。在此期间，您抽出时间，不怕麻烦，亲自考察各地，收集有用的信息。您在香港暂住时，我们应该把商人和居民的领导，召集起来与您交流。但是，我们没有这样做，其中有两个原因。一个原因是，您在香港的时间有限，且忙于处理与英国相关的、重要的公共和社会问题。另一原因更为重要：当前中国处在一个紧要时刻，我们不敢冒险去寻求您的特别关注，以及英国政府和议会的特别关注。

上述说法，道出了这些中国人做事畏缩，行事令人费解的原因。然而，这些中国人已经被赋予权利，正在变成世界上最富强、最荣耀的国家的公民。而这种担心，妨碍了他们和英国官员一起，处理中英之间的问题。这不是别的问题，而是由他们对清政府官员的畏惧，英国政府保护公民的职责完全缺失所致。至今为止，这个问题一直阻碍了英国的中国移民或华裔，在处理中英两国的政治和经济关系方面，公开地表示他们的兴趣和积极参与。出于某种原因，英国在中国的代表——领事官们，固执地拒绝承认和保护那些源自中国的英国公民。碰巧他们在中国界内，或者为了经济和社交而离开英国，他们返回时，会遇到"温柔仁慈"的中国官员，就给了这些官员一个绝好的机会，敲诈他们或报宿怨。

我们难以理解某些英国官员的办法。其他欧洲国家，像法国、德国、俄国、葡萄牙和美国，甚至日本，这些国家的领事与英国相反，他们都想尽一切办法为通商口岸或中国内地的华裔公民提供保护。然而，国内所有的英国领事，如果可能，都会制定一些规则，把保护英籍华人这事变得异常困难。例如，他们会制定令人讨厌的、不切实际的规则，然后，不看实际情况强制施行。如果不是全部，也是大多数领事，他们用这些方法，剥夺了华裔公民的受保护权。

例如，我们会遇到到独特的着装与仪表规则。在这里，一位华裔必须剪掉辫子，换掉传统服装才能得到保护。这些规则对中国人的影响，阁下可以去想象一下。我们还想说一点，在中国的其他国家，没有一个认为，把这些原则强加到她的公民身上，是一种公平或明智的做法。英国领事官员们采取这样的方法，是担心国家间的问题会复杂化。但是至今为止，除与基督教会相关的许多问题以外，我们不担心会发生任何严重的冲突。另一方面，如果英国把保护范围，延展到英化了的中国人，可能会引起一些小问题，但是，这难道比英国的威望和影响重要？此后，当您得知其他地方的华裔公民，宁愿选择沉默而不参与有益的争论；会有保留地参与行动，处事狡猾，而不是像男人般决断；会有模棱两可的支持行为，而不是忠诚的合作，阁下将不会感到惊讶。

尽管这样，阁下重要的远东之行，以及最近公开发表的言论，引起了一般中国人，特别是那些居住在开放口岸，或者英属领地的人们的普遍关注和兴趣。门户开放政策，经过您灵活地阐释和宣传，受到他们热忱的赞成和支持。

在我们看来，这个简单且有效的政策，将遭到许多人的反对。当国家得到一块新的领地，获得新的势力范围时，许多人把它当作是国家的荣耀，却完全忽视了这些收获之中，可能包含着危险和害处。然而，我们对阁下充满信心，阁下是皇室的使臣，才能卓越，勇气可嘉，公正无私，一心为公，明辨事理；再者，您还有丰富的个人阅历和对世事的观察。我们相信，大量的英国公众和主要的政治家们将乐意聆听阁下明智的建议。尽管有人会质疑门户开放政策，但是，在您的宣扬下，肯定会取得成功。

我们认为，像美国、德国和日本这些国家，他们的利益和英国的利益一致，也会积极支持门户开放政策。另外，他们也不会希望从一个分裂的中国，贸易受限制的中国，得到实质性的利益。我们还确信，中国人还将充分感激门户开放政策所带来的种种好处，并且会尽力维护这项政策。中国人不会不明白，国家的完整和生存，取决于对门户开放政策的遵守。中国的商业和工业的发展，自然资源的开发，同样需要最强大、最自由的国家的支持。此外，中国人在贸易方面，既有天赋也有兴趣，自然就喜欢随时和英国这个世界上最重要的商业国家做生意。除此之外，英国的法律和宪法公平而自由，英国对她领地上的居民和商人，都一视同仁，予以完善的保护（一个例外情况，我们前面已提到过），这使英国成为中国人最喜欢的国家。所以，无论如何，英国应该给我们一个明确的指示——她将施行阁下所推荐的门户开放政策，而且，中国人也会支持和遵守这个政策。

但是，对于这项政策，中国能提供什么支持？中国的遵守有什么价值？我们承认，几乎没有。就像人们说的那样，清政府没有真正的陆军和海军。内部的倾轧和外来的竞争，几乎把中国撕成了碎片。清政府的官员最腐败，最能搞内讧；财政收入严重不足，还背负了过重的外债；暴乱事件层出不穷；国民愚昧无知。我们现在强自忍耐以上列举的这些弊病，以及其他更多的弊病。这些弊端，将使门户开放政策在中国的实施，变成不可能的事；也迫使那些偶然的观察者认为，只有划分势力范围，才能解决中国的前途命运问题。然而，这不是我们的想法。阁下在经过认真的考察后，想法与我们一致，我们非常高兴。

在中国，英国需要的政策是"门户开放"，而不是"势力范围"。中国需要彻底的改革，不能被某一个强国吞并，或者被许多强国一起吞并。很明显，改革迫在眉睫。如果不改革，中国很快不能自治；各国必然会划分自己的势力范围；英国也将别无选择，只能与其他国家一起争夺势力范围。我们很清楚，没有外来的帮助和压力，中国无法自我革新。理由很明显——处于统治地位的高官，是既得利益者，他们不希望改革；地位卑贱的穷苦大众希望改革，但是缺少力量。面对这种窘况，我们大胆设想：英国在中国有巨大的利益，深受中国人尊敬和信任，她应该自告奋勇提供帮助，并对中国政府施加压力。我们知道，反对者会认为这项任务太艰巨，英国不能胜任。另一方面，我们认为，英国有资源，也有智慧来做成这件事，当回想起英国在印度和埃及的成功时，我们确信英国在中国会做得更好。

我们同意阁下的看法，中国为了维护国家完整和"门户开放"，保护广大领域内的财产，必须拥有高效的陆军和警察队伍。但是，我们谦卑地提一句：在获得这些守护力量之前，其他领域的改革应该见成效才行。我们现在还没有忘记，戈登将军统治的常胜军变成了什么，或者郎将军统治的无敌舰队的结局是什么。我们从阁下口中听说过福州兵工厂的那些荒谬事。那是一家在外国人指导下创建的工厂，建成已有多年，耗费了中国政府大量的钱财。阁下也评论过广东和中国其他地方的堡垒和弹药库。阁下也发现，政府为了特定目的而划拨的资金，一经内地官员之手，不幸就变得不够用了；然而，如果使用得当，足够使用。

这些事实，以及其他类似情况，足以支持我们的观点：相比于有效的军队和警察，中国更需要其他方面的改革。我们可以确定，假如中国明天建立一支训练有素的军队，一支组织完美的警察队伍，两者的高效状态，维持不了一年。腐败的政府和盗用公款的官员，会耗干任何一支或者两支队伍的资源。历史将会重演。我们知道，尽管土耳其政府和中国一样糟糕，或者没有中国的情况糟，但她拥有一支优秀的陆军，一支还算合格的海军，所以能维持到今天；如果我们希望维持中国的完整，那么就必须拥有一支训练优良的军队。但是，在我们看来，为了给真正有用的陆军、海军和警察奠定一个恒久的基础，一些事情必须做在前面。如果我们要在中国进行改革，那么就要做一个彻底的改革。让我们从最根本的情况谈起。看到中国现在的状况，已经和土耳其一样糟糕，我们确实应该感到难过。甚至拥有陆军和海军，中国也将一直是远东的东亚病夫；是欧洲列强争夺的焦点；是频繁的国际争端或战争爆发的原因。中国将会变成一个血腥的屠场，许多最令人厌恶和腐败的政府的集中地。实际上，在文明世界的人看来，中国实际上可以说是一处正在腐烂的脓疮。

我们认为，在改革事项中，有两项最紧迫，政府应首先考虑：第一，建立一个薪金制度，给官员提供足够的薪金；第二，彻底改革国家的财政税收体制。我们还认为，如果中国政府没有能力，或者不愿意实施这些绝对必要的改革，那么，英国政府要么自己亲为，要么联合其他列强，给中国提供实质性的帮助，并且，如果有必要，则给北京政府施加压力。

我们非常了解中国人和中国政府的本性和做事方法。我们可以向阁下保证，中国的改革不可能进行下去。上述两项特别的改革肯定会失败；现在的状况肯定不会改善；门户开放政策也不会得到支持。我们知道，维护中国的完整，在中国自由地经营商贸，没有限制性和保护性的关税，所有外来国家可以利益均沾，这些都离不开门户开放政策。

阁下，请允许我们就中国官员那可怜的工资，及其导致的恶果，讲一些实际情况。我们都知道，中国首都的一个高级官员，相当于内阁部长级别，一年的标准工资，超不过50英镑。不过，除此之外他还有补贴，每年的工资能达到200或250英镑。他要依靠这些微薄的收入，维持自己、家庭、随从、雇员、文书，师爷等人的开支，此外还要支付招待客人和同僚的开支。实际上，他要满足这些花费，需要十倍到二十倍的工资。各省总督的工资相对多点儿。总督每年的工资约100英镑，补贴约900到1200英镑多。但是很不幸，他必须支付衙门的所有开支，其中包括一些固定的开支，比如他的师爷、文书、副官、保镖和一般随从的伙食和薪水。除此之外，他必须招待大量的客人，给许多京城高官送礼；还需要维持他的官员身份，为许多家人和亲戚提供帮助。事实上，这些花费，每年至少需要10000或15000英镑。一位陆军将军，一位海军司令，他们的工资每年超不过400英镑，他们还需要为自己的随身侍从发薪水。这些高官以下的中国官员，薪水欠缺的程度与高官一样。一个底层官员的薪水，好不过香港一个报酬优厚的苦力的工资。士兵和海军，他们的月薪是4到10先令，还经常被上级克扣和勒索。

阁下，上述总结表明，这些入不敷出的高官和小吏，对改革不会有任何帮助，而是会寻求有规律的贪腐体系，从而，他们在官场上的奋斗，与荣誉和忠诚也不相关。那些比较幸运和无所顾忌的官员，积累了令人难以置信的财富，然而，如果存在一些官员，有一点良知和能力，且品行正直，他们的从政经历也不会太长。从此可以看出：为什么为特定项目划拨的充足资金，到最后变得不够用了；或者为什么花了足够的资金，最后的结果却不如人意；或者为什么为现代工厂购买的高级装备，最后变成了质量低劣的老古董。

总之，阁下去问任何一个独立的中国人，他将告诉你同样的故事。也就是说，一笔资金通过各种渠道就像大家熟知的音阶一样，逐级地从财政部分到它的目的地，就逐渐变少了，而且变得特别少。中国盛行这样的体制，还期盼什么改革？所有当权的官员，自然会反对任何改革措施，因为这些改革会夺走他们的非法权力，而这些非法权力，是他们获利的保证。怎么能期望中国官场中会少了朋友的行贿和对手的敲诈？怎能期望国家的财政能有真正的收益，追回每年装入个人腰包的那十分之七？当划拨给陆军和海军的资金，不断被贪污、挪用，怎能希望中国会有一支训练优良的陆军，一支令人满意的海军？国家要做一些公共建设，比如特别的兵工厂、码头和河堤，但是用于这些项目的资金，同样会被贪污挪用，国家怎能完成这些公共工程？中国有落地税、抽厘等多种形式的厘金税。当大多数官员把这些税收看作一种资源，用来补贴自己微薄的工资时，中国怎能满意地解决她的税收问题？最后，当中国的每一位官员，都醉心于从公共资金和财政中捞钱，损害国家和贫苦大众的利益，用上述种种欺骗手段为自己牟利时，就别指望国家能修建铁路、开发矿产、促进工业和制造业发展，提高经济效益，普遍地开发自然资源。

改革中国现在糟糕的官僚体制，那些有能力且有忠心的人，才有可能为国尽心尽力，担任各种职务。然后，国家成功改变公共服务的愿望就容易实现。现在，无论是公民和军人，还是各级官员，都是以金钱为上。以我们浅见，英国这种受人尊敬、真诚和简明的政策，不适合现在的形势，对无所顾忌的对手反而是一种帮助。此外，在这个特别领域内的改革，会得到中国人广泛的赞同和支持。我们再大胆地设想一下，中国官员自己也会赞同和支持这项改革，因为大多数官员还具有正直感。随着这项改革的进行，下一步该怎么做，就很清楚了。所有来自官员及其下属的反对，会因为工资的提高而消失，那么，对中国的财税进行整顿，就比较容易了。

中国的财税系统糟糕透顶，声名狼藉。官员征收来的所有税款，进入国库的只有十分之三。对中国的财政状况进行详细分析，无疑要占用太多时间和篇幅，因此，我们向阁下推荐一本小册子——《中国的财政》。这本书的作者是贾米森总领事，在1897年他将该书呈交给了英国议会。与其说贾米森先生如实地记录了中国官员征收的税款总额，不如说他低估了这个总数。看看他的书，阁下将会明白，中国的实际税收，至少是现在税收的三到四倍。中国官员这种严重的贪污，与对税收资源层层"转租"的恶习一起，使中国的财税体系成了一个巨大的障碍，阻碍了国际商业的改善、地方贸易和工业发展的提升，以及所有自然资源的开发。如果不首先改革中国的财政体系，那么，任何改善和促进中国发展的尝试都没有用。如果英国政府稍施压力，说服中国，按照总海关那样，建立一个有能力的部门，来征收各种税收，这样将会拯救中国，使她免于破裂。

照中国目前的情况来看，多多少少还有其他一些改革，势在必行。比如，训练高效的陆军、海军和警察；创办科技学校；安排有能力和受过适当教育的人，到需要专业技能的部门任职；取消内地所有的水路和城镇的贸易禁令；提高铁路的运行速度，提升铁路经济效益；开发矿藏等。关于这些改革，我们就不再麻烦阁下提出建议了。但是，能就中国政治和经济弊端的根本原因，向阁下请教，我们已非常满意。

总之，我们要强烈地敦促阁下，并通过您敦促伟大的英国公众，在中国做出快速果断行动的时候到了。前面讲过，我们都知道，对中英两国来说，门户开放是最好的政策。不过，尽管这个政策非常好，还需要人们仔细地运用它，勇敢地实施它。在实施这个政策的同时，或者在此之前，必须整顿中国的财政体系。英国政府，要么亲力亲为，要么联合其他国家，要下定决心促使中国政府，把征税业务托付给像海关总署那样的征税机构；在做这件事之前或同时，要保证中国的各级官员，能得到与他们职位相称的、充足的薪水和津贴。在进行改革时，英国政府应该帮助中国官员，维持国内秩序。在时机成熟的时候，再进行其他所有改革。

在结束这封信之前，我们呈给阁下一个重要的问题，尽管有人不这样看。我们考虑的是：对扩大英国在中国的利益和影响、促进英国贸易在整个中国的发展来说，什么方法最有效。

我们认为，对英国政府来说，有一股现成的、强大的力量，还没有被利用起来。要么是英国有意忽视了它，要么可能从来没有想到过它，那种力量就是——中国人卓越的商业智慧。给那些华裔一个合适的组织体系，并多多鼓励他们，在商业上，他们就能成为英国一支有力的臂膀；尽管会受到竞争，也会受到敌对体制的危害，他们也能在中国维持骄傲的地位。以我们浅见，可以把华裔派到内地，占据所有可以占据的贸易资源，也可以作为经济侦探，或者作为不同商会之间相互交流的活的通道。经过较好的组织和指导，让他们去调查商会的情况，如果有必要，就进一步渗透到他们内部，或者任何特别的领域。这些聪慧的华裔商人，肯定会把事情做好，帮助维护英国的商业霸主地位。这里有一个不可辩驳的事实：无论是来自英国、德国、法国，还是来自日本的货物，它们都要经中国人之手，才能进入中国市场，而这些中国商人对市场的需求非常熟悉，既知道市场需求的数量，也知道人们需要什么样的产品。他们是外国商人和大量本地消费者的中间人。他们可以去欧洲人受嫌疑的地方；他们可以获得国内人不愿向外国人透露的信息。内地中国人会勉强而慎重地回答外国人的问题，并且往往是含糊其辞，但它们乐意和华裔交流意见，也乐意和着中国服装的人交流意见。

有华裔的支持和他们的良好信誉做保证，随着厘金关口和令人讨厌的海关章程的取消，再加上超强的运输能力，英国货物就能供给中国市场，这里就会成为英国利益的支流，整个中国就变成了英国的势力范围。由于英国是崇尚自由贸易的国家，这样一来"门户"就开放了。我们希望看到英国在经济和政治上重回巅峰的时刻。

最后，我们对阁下致以最衷心的感谢；所有开明的中国人，为了个人的利益，感谢您在中国问题上的指教。感谢您对门户开放政策清晰的阐述，以及对其他类似事务的支持。如果能把这些事情维持下去，不仅对英国和其他国家有利，也会给中国带来长久的利益。最后，谢谢您接受了这封信，尽管它不够完美。我们对阁下寄予厚望，知道您有卓越的能力，能够竭力完成政治和经济自由这项事业。

何启

韦陀

香港，1899 年 1 月 20 日

大量中国贸易团体，通过这封信，表达了他们对利益的关心，也表达了他们对中国现在和未来状况的看法。信中的许多观点都值得评论，我只选择以下几条：

信中讲，这些中国人变成了英国公民，身份却不被英国政府承认。这个问题，我会向联合商会呈报，并呼吁他们重视这个问题。如果任由这种事态持续下去，既不能提升英国的声誉，也不能促进英国商贸的发展。为什么华裔不能和其他英属国家的公民一样，享受所有的特权和好处？此事毫无理由。为什么一个中国人，当他希望变成英国公民时，就得比那些穿着他们民族服装的人，多服从一些让他感到羞耻的规则？而数以万计的这些人，却以成为英国公民为骄傲。

中国商人认为，首先必须进行的改革，是给中国官员支付合理的工资。我担心，就目前的情况来看，即使能做到这一点，敲诈勒索和贪污腐败也不会变少。他们还认为，如果让中国人自己来重组陆军，这支队伍还会变得无能、无效，我完全同意这个观点，但是，如果政府出资，由外国军官来主持这件事，那么浪费和腐败现象就会被节省和高效所取代。没有改革，这些合适的税收体系，较好的管理体系，在腐败严重的中国不会成为现实。但是，除非中国首先采取第一步，放权给那些能提供高效军队和警察的国家，才能实施改革。

第十九章

广　州（居民约1600424人）

贸易统计

1897 年贸易总额是关平银 49934391 两（合 7100000 多英镑）。

1897 年货运总额是 3718064 吨，英国承运了 3000571 吨。

1898 年 12 月 29 日，我到达广州。广州是广东省的省会，坐落在珠江旁边。

我到广州后，当地英国商人召开了一次会议。在会中，他们呈给我一份纪要，请我转呈给联合商会。他们认为，只有影响商贸利益的不利因素能被消除，英国商贸在广州的发展才有保证。

他们的纪要简明扼要，现转录如下：

贝思福阁下：

领事告诉我们，阁下要来广州考察，听取英国商人对当前贸易的整体上看法，调查他们现在遇到的困难。

广州商会由各国商人共同组建，英国商人在这里设有一个总部。英国商人和各英国公司代理商在广州的代表，共同协商，一致同意向您表达如下意见：

1. 应该界定通商口岸的区域。按照《广州条约》的最初协定，广州城和城郊都在口岸内，其中包括河南和花地这些郊区。

然而，在托马斯·维德先生与中国签订的《烟台条约》中，第三款第一条有这样的表述：

在不同口岸的外国租界内，免征厘金税。

然而，1885 年 7 月 18 日，在伦敦签订了一个附加协议，它明确规定这事暂不实行，以后再议。

这个附加协议所带来的问题，至今没有解决。这极大地限制了英国公民享受《天津条约》所赋予的各种权利。

毫无疑问，如果英国商人能像在广州城那样，在广州的郊区销售货物时，不用交厘金税，那么销售额会大幅增长。

最近几年，在广州海关对岸停泊了一艘船，专门征收厘金税。所有进口货物，报关照章纳税以后，都必须再到此船缴纳厘金税。

2. 子口单。中国地方官员在关口扣留自由贸易的货物，经过英国大使和本地领事的不懈努力，才清除了这些障碍。

希望英国政府有机会促使中国政府，发给商人能通行于广东、广西两省的子口单。货物能运往两省的任何一个港口，且不用报关检查。

3. 海盗。最近几个月，东江及其附近，海盗猖獗。内地商人运送丝绸、肉桂、草席等货物，从不同的地方来到广州，按约向外国商人交货，但是他们的财产严重受损，多人丢了性命。内地货船，要么不敢在夜间航行，要么必须由军舰护航，这样一来，就耽误了货物的运输。

有一个好的办法——给中国政府施加压力，敦促政府保护英国公民，以及受他们雇佣的人，使他们的财产不受损失，生命不受侵害。

4. 法国的势力范围。近来有一些报纸和出版物发布消息，说法国可能要把广东和广西两省划成自己的势力范围。我们这些在广州的英国商人，反对英国政府承认这种设想。

坦白地讲，多年来广东、广西两省的贸易，虽然德国和美国也有参与，但主要的贸易商还是英国人。

这里主要出口的产品是：生丝、绢纺、茶叶、肉桂等。阁下可能想知道，依据出口货物清单（附列），法国在主要出口货物的经营上所占的份额少到何种程度。

法国人可能会说，这里的丝绸大部分都出口到了里昂，所以，在丝绸贸易领域，他们也占有很大比重。其实，这些丝绸贸易，不由法国人掌控。

对于法国政府划定势力范围的声明，英国政府如果不予以激烈抗议，而承认法国的声明，那么，此地最重要的出口贸易，非常有价值的一个进口贸易，就归法国人掌控了。但是，这些贸易现在主要由英国主导。法国人的贸易额非常少，支持不了她的主张；参与其中的其他国家，多数也不会支持法国的主张。

5. 选择性的关税。我们应该注意这样一个事实：由于中国官员在税收方面优待中国船只，所以，在这里和西江，英国的轮船受到的待遇不公平。如果英国受到不公正待遇，东江口岸的运输业也不会兴旺。

唐纳德公司　罗威公司等

1898 年 12 月 29 日

划定一个合适的通商区域，是一个简单的问题，但迟迟不能解决，真是一件怪事。

早在签订《南京条约》的时候，这个问题就被提了出来，但是自 1885 年以来，问题还没有解决。由于这个问题对英国的贸易有直接影响，所以我们应该花充足的时间去考虑它，还应该就区域的界限做出一些决定。

联合商会可能希望了解这个问题的更多细节。我向英国领事请教此事，得到了一些有价值的文件，我把它们转录在下面。它们说明：在我离开广州之后，这件事情能进展到何种地步；尽管这个问题拖了十四年，还没有解决，但是总督却期望再做进一步的讨论和思考。这个问题对英国贸易的发展非常关键，大概在这篇报告中宣传一下，有助于解决这个问题。

按照中国现在的规定，外国人，不能在广州城内建造仓库和商店。条约赋予了英国人一些权利，英国领事测试了一下这些权利的有效性：

驻北京英国大使致领事函

北京　1898 年 8 月 10 日

先生，我完全没有必要告诉你一些事情。你在 6 月 21 发来了第 24 号急件，我在回复中讲，按照条约规定，天和洋行完全有权在广州开设商店，经营业务；并且，除了条约中规定的税收以外，其他税收都应该被豁免。由于外国进口货物到达口岸以后，只用交关税，所以，如果中国官员在城市里对这些货物征收厘金税，班克洋行应该反对。

如果厘金税的征收与条约不符，或者天和洋行的生意受到干涉，那就是你的事情了。你应该从法律方面帮助他们，并且让他们高度警觉，以维护条约赋予的特权。

克劳德·麦克唐纳

致广州领事 R. W. 曼斯菲尔德先生

领事致总督函

广州　1898 年 12 月 12 日

阁下，《南京条约》的第二和第十款规定，广州是对外开放口岸，外国货物应该向中国海关缴纳进口税。那么，这些货物交过子口税以后，无论到哪里，都不用再缴税。

现在，英国的天和洋行向我申诉：他们在城里开了一家商铺，销售布匹。我现在请求阁下，能不能教育一下您的下属。因为，天和洋行的货物，从轮船停靠的码头到城里的商铺，处处受到干涉；这些货物已缴过关税，但是一旦这些货物到达口岸或者广州城，还要被征税。天和洋行难道只能把货物窝在自己手里，或者把它们卖给自己。

就这个问题，英国大使已做过特别指示。您管辖下的任何一个官员，都不应该漠视条约赋予的权利，非法扣留货物，向这些货物征收厘金或其他税款。这些行为使英国商人持续遭受损失，官员们应该对所有损失负责。

英国领事 R. W. 曼斯菲尔德

致两广总督谭钟麟

谭总督致领事函

1898 年 12 月 16 日

先生，感谢您 12 日的来信，告诉我天和洋行开了一家商铺，销售布匹，并向我指明，我的下属对洋行的生意有影响：天和洋行的货物，从轮船停靠的码头到城里的商铺，处处都受到干涉；这些货物已缴过关税，但是一旦这些货物到达口岸或者广州城，还要被征税；天和洋行只能把货物窝在自己手里，或者把它们卖给自己。

我以《烟台条约》中的第三款规定，作为对您的回复：

依据条约规定，中国政府不应该在开放口岸对外国货物征收厘金税。托马斯·维德鼓动英国政府，允许把不同通商口岸内的租界，作为免征厘金税区域；中国政府随即允许将湖北的宜昌、安徽的芜湖、浙江的温州和广东的北海，作为开放口岸。

上面这段话的意思表明：以前的条约没有明确规定，哪些地方该免征厘金税。因此，托马斯·维德鼓动英国政府，允许把不同通商口岸内的租界，作为免征厘金税区域；中国政府随即增加了四个通商口岸作为回应。所以，只有在租界内才免征厘金税，这样的解释没有任何问题。

目前，英国天和洋行在城市里开了一家商铺。很明显，这与条约的规定不符。因此，我必须要求你立即命令他，立刻做出行动，要么关张，要么搬走，以免引起冲突。这点最重要。

谭钟麟

领事致谭总督函

广州　1898 年 12 月 19 日

阁下，很荣幸收到您 16 日的来信。信中谈到了天和洋行的事：英国天和洋行，在城市里开了一家商铺。很明显，天河洋行的行为违背了条约规定。

阁下参考了《烟台条约》第三款内容，但是您好像不知道，在 1885 年 7 月，中英还签订了一个附加协议。这份附加协议讲得很清楚，两国政府暂不执行您所引用的条款，他们要做进一步的考虑，还要进一步协商这部分内容。而《南京条约》和《北京条约》都规定，广州城和港口都准许外国人经商，所以，现在必须执行这两个条约的规定。

在给您回信之前，我也询问过驻北京的英国大使。他这样回复：

按照条约规定，天和洋行完全有权在广州开设商店，经营业务；并且，除了条约中规定的税收以外，其他都应该豁免。由于外国进口货物到达口岸以后，只用交关税，所以，如果中国官员在城市里对这些货物征收厘金税，天和洋行应该予以反对。

如果厘金税的征收与条约不符，或者天和洋行的生意受到干涉，那就是你的事情了。你应该从法律方面帮助他们，并且让他们高度警觉，以维护条约所赋予的特权。

这就是我收到的指示。我有责任通知阁下：我已经把这个指示传达给了天和洋行。如果中国官员向洋行征收厘金税，或者干涉洋行的生意，我有责任要求他们做出赔偿。

领事致天和洋行函

广州　1898 年 12 月 21 日

先生，总督已给了回复。他反对您在广州城内开商铺。我又给他写了一封信，告诉他，您的做法在条约规定之内。另外，英国大使也就此事做了指示。

因此，你可以自由经营您的生意。但你必须以完全善意的方式做生意，必须自己经营，不能有中国人参与，对此不要抱怨。像这件事一样，你可以依靠我，以维护条约赋予的权利。这些权利是：你的货物，从码头到商铺，再到消费者手里，或者储藏在商铺中，都不用缴税。你可以向你的客户保证，你的货物已经缴过所有税款。在我提到过的地方，如果有人扣留货物，或者强行向你的货物征税，请立即向我报告。我认为，当地官员如果为了防止走私鸦片，或者查封禁运品，在货物运送到商铺的途中，他们有权利检查货物。但是，如果他们故意习难，你要向我报告。

谭总督致领事函

1898 年 12 月 23 日

先生，关于在城市中经商的问题的来信，我在 19 日已收到。

我发现，在《烟台条约》的附加协议中，有这样的条款：对《烟台条约》第三款的第一和第二条有这样的说明——这些内容暂不施行，需要做进一步考虑，两国之间需要再沟通协商。

因此，这个附加协议仅仅规定：对那种安排，需要多考虑考虑。它没有使《烟台条约》失效，也就是说，在双方做出决定之前，一切行事都应该以《南京条约》为依据。因此，你们自然不能把《烟台条约》废除掉。

另外，英国政府和前任大使签订附加协议，是在十几年前。这么多年过去了，我还没有听说过这样的事——外国商人在通商口岸的城里占地经商。这就是一个很明显的证据，说明《烟台条约》仍然有效。

现在，由于我们的政府还没有对此事做出决定，所以，我不同意外国商人在租界之外经商。

我还想再说一点。由于租界已经设立，外国商人应该遵守规则，只能在租界内居住和经商。这样做，他们能受到完全的保护，中国人和外国人也能和睦相处。

如果一个外国人居住在内地，可能会因为一件琐事而引起争论。为了我们两国之间长久的友谊，我感到有义务把这件事彻底说清楚。

为了不引起不必要的麻烦，我要求你命令天和洋行，要么把设在城内的商铺搬走，要么关张。直到我们的政府拿出一个方案后，才可以在城内经商。

我了解麦克唐纳大使，他以温和正直而闻名。我敢保证，他的观点和我的一样，因此，我希望你爽快地把我的观点传达给他。

领事致总督函

1898 年 12 月 29 日

总督您好，很荣幸收到您 23 日的来信。您在信中谈到了外国人在城中设立经商场所的问题。

我认为，双方政府决定，暂不执行《烟台条约》第三款的第一条和第二条，那么，我们就应该遵照烟台协议之前的《南京条约》和《天津条约》，来处理这个问题。

我曾经给您讲过，在处理天和洋行的事情之前，我请教过英国大使。他给的指示讲得很清楚，我曾经引用过。您也知道，一名下属，有责任执行上级指示。

如果我说不能遵守您的要求，并且已指示天和洋行照常营业，按照以前条约的规定开展业务。我相信，您不会把我的做法看作是一种不友好的行为。我请您下道指令，不准地方政府干涉天和洋行的生意。如果双方政府经过考虑，同意执行《烟台条约》第三款中的第一、二条，我将通知天和洋行，他们的货物，在广州城租界以外的地方，要缴厘金税。

英国大使明确强调：按照条约，外国人有权在广州城内建立商铺。

总督声称：条约中没有规定这样的权利。

从广州沿西江而上 100 英里是梧州。那里没有租界，也没有外国人的定居点，但是它被看作是开放口岸，所以，在城里和郊区都有外国人开设的商铺。然而在广州，中国政府仅把租界看作开放区域，并且，租界之外就要征收厘金税。

最使商人们感到担心的事，是西江及其附近水域，最近海盗猖獗。

我通过英国领事以及其他途径，完全了解了我在广州这段时间内海盗的活动状况。这些状况说明，海盗对商贸极为有害。商人们告诉我，这个地区现在的海盗比以往更坏，并且广州周围海盗的数量还在迅速增长。去年大家都知道的海盗事件有 41 起。但是实际发生的事件更多，因为有许多渔民遭到了海盗的报复，不敢向官府报案。这样一来，负责运输货物的中国人，就不敢在夜里航行，从而也就耽误了货物的行程。

上述事例清楚地表明，商业企业的经营和发展，缺少安全保障。在整个中国，都没有真正的安全保障。关于此事，可以参阅"中国的陆军和海军"一章。

商人们一致强调，他们坚决反对"势力范围"政策。我注意到，英国贸易在广东和广西两省的出口贸易中，具绝对优势。下面这份从 1897 到 1898 年 5 月间的货运清单，支持了我的看法。

生丝

出口总额是墨西哥银 19417450 元；共计 29873 担，每担合银 650 元；共计 37341 包。

出口	担数	价值	包数	比重
英国洋行	18056	11736400	22570	60.45%
德国洋行	6182	4018300	7727	20.69%
法国洋行	5635	3662750	7044	18.86%
	合计：29873			

英商的货物，波斯人承运了 1674 担，没有包括在表内。

绢纺

出口	担数	比重
英国洋行	20627①	77.23%
德国洋行	6084	22.77%
法国洋行	0	

茶叶——英国商人完全掌握了茶叶生意

杂货

这是 1897 年从广州出口到欧洲和美国的杂货清单。虽然波斯人承运了许多，但是没有包括在清单内。

---

① 不包括波斯人承运的 6775 担。

货物名称	估计价值	英国和德国	法国
猪鬃	500000 元	5654 担	0
蜜饯	400000 元	35000 担	0
藤条	250000 元	30000 包	几百包
肉桂	650000 元	34000 担	0
桂花子	50000 元	875 担	0
席子	2500000 元	452000 卷	0
香油	900000 元	2775 担	不详
鸭毛	400000 元	26000 担	0
鞭炮	1000000 元	190000 担	0
	合计：6650000 元		

丝绸

英国	德国	法国
480 箱	950 箱	0

英国商人认为，这里的贸易几乎都在英国人手里，因此，法国把这两个省划为自己的势力范围，对这里的贸易非常不利。他们请我注意，马达加斯加和东加纳成为法国的势力范围后，对英国贸易所产生的影响。他们推测，如果英国政府同意法国的行为，相似的结果会出现在广东和广西。

商人们请我向联合商会说明情况，让商会确信，门户开放和贸易机会均等政策，对于英国贸易在中国南部的持续发展，是非常重要的政策。他们就中国官员对中外船只的征税有差别，英国轮船需多缴税这件事，征求我的意见。我告诉他们，我会把此事报告给联合商会。

我在广州时，谭钟麟总督病得很严重。他年事已高，有82

岁了。他让副职桂云代表他来拜访我，并向我说明，他因病不能亲自接见我。桂云还给我带来一个信息：总督知道我来中国考察英国的商贸，他希望知道我需要什么帮助。

我问桂云，能否参观炮台、兵工厂和火药工厂。总督回复：听到我的提议，他很高兴，并要求我在参观后，提点儿建议。他还说，要派一艘军舰供我使用，为我的参观提供便利。

就英国商贸的安全问题，我和桂云，还有其他高官，会谈了很久。桂云告诉我，他不担心暴乱。

当我指出海盗猖獗，严重危害贸易时，桂云说，总督也认为该制服他们，但是做起来非常困难，因为此地港汊密布，海盗容易藏身。

我告诉他，英国有一句格言——"有志者事竟成。"我说，因为海盗损害了英国的贸易利益，所以，我不得不把这件事写到报告里，并且，报告会呈给联合商会。他说他会慎重地告诉总督，英国商人非常关心这件事。

我询问了一下这个省的矿产资源情况。桂云说，此省矿产丰富，中国人正打算在北海附近开一个煤矿。我又问他，此省的财政状况，是否比我访问过的其他省份要好。他回答说，广东的财政收入，应付日常开支绰绰有余。

在和桂云第二次会晤时，我请他注意，中国持续不断的暴乱事件，对贸易造成了致命的影响；而在广东省，这样的暴乱也很常见。我还指出，与中国做生意的国家，希望有安全保证，所以，中国必须重组军队，交由外国军官训练。

我还说，如果暴乱事件持续发生，而中国政府又不能平息它，那么，中国必定会破裂。因为，各国为了保护自己的贸易利益，在不得已的情况下，会采取势力范围政策。

桂云也明白这个道理，他说会把我的意见呈报给总督。在重组中国陆军问题上，我一无所获。我问他很多问题，他总是说，要把这些问题汇报给总督。所以，这次会晤没有任何收获，因为所有问题的决定权在总督那里，桂云自然不能表达自己的观点。

他说，广东省有 2000 士兵，装备的是毛瑟步枪，但是他们从来没有受过训练。

第二十章

梧　州（居民约50000人）

贸易统计

1897 年进出口贸易总额是关平银 1912711 两。

1897 年进出口货运总量是 52188 吨，英国承运 41402 吨。

1897 年，依照《缅甸边界协议》，梧州第一次成为通商口岸。

我没有时间去梧州考察，但是梧州的英国领事霍斯先生，到广州拜访了我，因此，我从他那里知道了许多有价值的信息。

霍斯先生告诉我，梧州周围的民众正在快速武装自己，随时可能造反。他认为，如果发生叛乱事件，那纯粹是为了反对当地政府。我问他，如果发生叛乱，会不会对贸易造成不良影响。我还请他讲一些具体情况，呈报给联合商会，以证实他的说法。他说，1898 年梧州发生过一场叛乱，造成了巨大的经济损失，贸易被迫停止了两个月。广西省的东南地区是广西最富庶的地区，在叛乱中受到了严重影响，人口急剧下降。这里有许多造纸厂，也出口丝绸和糖。梧州虽然在 1897 年才开埠，但是贸易前景很好；如果不是周边地区不断发生叛乱事件，梧州的贸易会十分兴旺。自 1898 年 6 月实施新的内河航运章程以来，只有一艘吨位很小的轮船，在这里从事航运业务。轮船悬挂的是英国国旗，用于拖带小船。但是它的拖运范围也受到了限制：轮船在梧州登记备案，只能在梧州到三水几百码的范围内航行，不能越界。

梧州是一个开放口岸，但是没有英国人的定居点和租界。广州虽然有租界，不过梧州免征厘金税的区域，要比广州大得多。

霍斯先生认为，如果在梧州和重庆之间修一条铁路，途经广西省会桂林和贵州省会贵阳，那么，货物运到香港，将会从三个多月减少到四天。铁路将绕开重庆和宜昌之间的峡谷。虽然他们还没有勘察路线，但是我知道，困难不会太多。现在，许多国家为了发展贸易，都在租界内修建铁路，所以我认为，应该给联合商会提出这条建议。

霍斯先生给我举了一个例子，说明中国的这个地区缺少安全保证。他告诉我，1898 年 6 月 30 日，梧州附近开始发生暴乱。中国政府派了 4 名保安到领事馆，来保证他的安全。那天下午，这些保安跑他跟前说："暴徒马上就要来了，能把您的枪借给我们吗？"经过询问，他才发现，这四名保安总共才配了一支枪。霍斯先生没有把枪借给他们。

第二十一章

中国的陆军与海军

联合商会主席给我的介绍信中，有特别的说明，要求我考察"中国的政事和军事，能否给经商企业提供足够的安全保障。"因此，我全力以赴，去获取商会的信息，了解陆军和海军的兵力、效率和建制。我考察过中国的所有炮台。这些炮台设在海岸或江岸，是中国的防御设施。为了查明中国军队的装备和给养情况，我考察了中国所有的兵工厂。

　　总督们为我提供了许多便利，考察才得以成行。他们请我写一份报告，就考察的地方的功效，坦诚地谈一下我的意见。由于总督们准许我考察所有细节，以便我总结意见，所以，这里不合适把我见到的所有情况都公布于众。但是，下面的报告表明，英国在中国境内的商贸发展，没有安全保障；而且，通商口岸以外的英国商贸，也没有安全保障。我认为，只有高效的军队和训练有素的警察才能保证安全。从前面的章节里，大家可以看到：总督们也知道，假如发生严重的暴乱，他们也平息不了。

包括中国政府自己，没有人知道中国军队的真实数量。

中国的军队分为两部分，一部分是满族，一部分是汉族。满族军队全部是满族人，没有汉族人；但是汉族军队中有一些满族人。

北方的军队和北京附近的军队，由满族亲王统领。满族军队应该有170000多名士兵，但是他们军事素养不高、纪律松散，还缺少全国性的统一组织。满族军队分别驻扎在南京、杭州、福州、广州，以及其他大城市。所有满族军队都由满族或蒙古族的将领统领。相对于其他中国人，满族人享有许多特权。每一位满族人，无论参军与否，政府都会给他发粮食，而且每月还发三两银子。不过只要政府需要，在家的满族人就得应征入伍。国家的税收有多少拨给了满族人，没人知道；数量从一百万到三百万英镑，说法不等；像政府的其他拨款一样，大部分都进入了个人的腰包。满族将领统率的满族军队，各省总督无权指挥。在住满汉族人的省份，满族将领也享有许多特权。

驻扎在各省的军队的开支，除满族卫戍部队外，都由各省总督供给。驻扎在直隶的袁世凯将军的军队，驻扎在北京及其周边的国家的军队，他们的开支由户部供给；不能从京城周围调离。所有中国士兵的月饷，都是白银三两。省份不同，军队不同，在饷银、服装、食物的发放方面，也有所不同。一些军队为士兵发食物和服装，一些军队则不发，这些事情全由将领做主。军队中的将领和中国的官员一样，名义上有工资，实际上少得可怜；他们也是通过权力来获取财富。为了获取例证，在北京时，我询问过一个将领。他告诉我，他的属下有10000人；我查了一下，他实际上只统领了800人；这种做法，在中国比比皆是。他收到了供10000人的军饷和补给。如果有人来检查军队，他就雇佣苦力来充数，每人每天200文。检察官也熟知这种情况，但是他收了贿赂，在报告中就会说：我已检查过这个军队，一切都好。

中国的士兵都是自愿入伍，但是一旦入伍，除非事出有因，否则很难退出。

袁世凯将军的军队

1898年10月27日，我到小站拜访了袁世凯将军，并参加了军队的检阅仪式。我在军营中停留了两天一夜。期间，我不仅观看了所有军队的操演，还有充足的机会，检验了所有军队的装备。我还查看了军队的仓库、服装和食物，熟悉了每个团的补给情况；仔细检查了整个军队的月薪表。关于这支军队的创建和发展的详细情况，我都了解了。

袁世凯的军队有7400人，大多数是山东人。据说，山东和湖南盛产优秀士兵。袁世凯将军是中国人，他的士兵也都是中国人。步兵配备的是德国制造的毛瑟枪。他有十个炮兵队，每队配6门炮，炮的口径不同，炮弹重量从1磅到6磅不等。

骑兵配备的是长矛和毛瑟步枪。阅兵场上的士兵，个个体型健壮，身手敏捷。士兵的营养很好。军服也结实耐用，干净整洁，而大多数其他军队的制服，都是普通的中式服装，前胸和后背绣着一个大的标记。在我的请求下，将军演练了各种阵型，还在周边村庄进行了演习。演习中，军官和士兵们配合娴熟，熟知阵型，表现出色。他们的训练非常优秀。除了火炮和马克沁机枪，军队的所有装备都结实耐用、性能优越。我给将军提议，把大炮和马克沁机枪，快速运到荒郊野地，以测试它们的性能。结果，这些装备都成了无用之物。

我发现，将军精干聪慧、见多识广，且受过良好教育。他也是一个彻底的爱国主义者，忠于皇室。他非常担忧国家的未来。他认为，除非国家自己采取一些方法来保护自己，否则将会四分五裂。他说，由于中国国力衰弱，所以，所有欧洲国家，假装亲近中国，实际上正在用军事手段瓜分中国。我问他，能否提出一些建议，既对中国有利，同时也对欧洲各国有利。将军回答说，没有那样一种建议，中国人能接受，欧洲人也能赞同。一个中国人的建议，自然会维护中国，但是，欧洲国家的行为表明，他们希望分裂中国，瓜分中国。

将军对把地方军队整合为国家军队的建议，很感兴趣。但是他认为，即使军队中雇用了外国军官，军队的指挥权和财政必须掌握在中国人手里。

如果中国所有的将领都像袁将军一样，中国的军队和财政也不会是现在这种情况。袁将军把军饷用在了正道上。他亲自监督发军饷、口粮、服装这些事。

我发现，这是中国唯一一支与欧洲军队的标准完全相符合的军队。因此，我详细研讨了军队的装备和效率。

我在北京的时候，周边有这样一些军队：

宋得胜将军的军队

宋将军能力出众，但是现在已经 80 岁了。据说他的军队有 20000 多人，沿锦州海岸驻扎。实际上，他的军队只有 10000 多人：锦州 5000，中后所 3000，山海关 3000。

军队装备的是毛瑟步枪、克虏伯大炮和马克沁机枪。军队中的部分士兵，接受过德国军官的训练。

宋庆将军的军队

宋庆将军管辖着芦台的三十个营盘。据说每个营有 500 名士兵，但是每个营盘只能容纳 250 人，其中缘由我在前面讲过。所以，他的军队据说有 15000 人，但实际人数在 7000 到 8000 之间。以前，军队雇用了 5 名德国军官。1898 年 3 月 1 日，军队雇佣俄国骑兵卫队的瓦尔诺夫，和其他一些俄国军官，替代了德国军官。这里的军队训练松懈，军纪不严。

我会见三位德国军官中一位名叫席勒的军官。我也会见了瓦尔诺夫。

董福祥将军的军队

董将军统率了 10000 名甘肃士兵，驻扎在北京近郊。他们是一群乌合之众，装备简陋，缺乏训练，但是勇敢好战。他们原先驻防在中国西部，后来被调到北京。他们在西部平息过一场叛乱。我在这里的时候，军队士兵殴打了丰台火车站的两名英国技师，差点杀了他们。士兵还砸坏了火车站的窗户，破坏了一些锅炉和仓库。他们驻在这里，对外国人来说是一种危险。外国大使要求把他们调走。

聂士成将军的军队

聂将军的军队驻扎在小站和天津之间，有三十个营，据说有 13000 人。德国军官训练过一部分士兵。军队装备的是毛瑟步枪，马克沁机枪；也配备有炮队，但大炮的口径不同。军队军纪松懈。军中雇用了五名俄国军官。我请求参观营房，但是受到中国军官的百般阻挠。

北京的军队

北京也有军队，由朝廷统辖，有精兵 10000 多人。军队驻扎在北京的南苑。军队装备精良，但是训练得一般。

开平骑兵营

开平有一个骑兵营，据说有 1500 名士兵。军中以前雇用的是德国军官，现在雇用三名俄国军官来训练士兵。骑兵营里的马匹非常短缺。

依克唐阿将军的军队

据说，东北各地驻扎了很多军队。军队尽管装备很好，但是缺乏训练，军纪不严。军队的数量，大约在 8000 到 15000 人之间。将军的名字叫依克唐阿。

蒙古骑兵

除了以上列举的这些军队，还有约 100000 名蒙古骑兵，驻扎在蒙古。他们由世袭蒙古亲王统领，政府不提供军费。我推断，他们是为朝廷做奉献。

上述军队，除了袁世凯将军的军队，几乎没有进行过实弹练习，没有军需运输组织。令人难以置信的是，有些士兵还在用弓箭练习射击。在北京时，我看到一些军队在天文台附近的空地上练习射箭。他们练习时注重射击的姿势，不注重命中率。

张之洞总督的军队

我参加过武昌驻军的检阅仪式。军队有 450 名士兵，和一个配备了 6 门大炮的炮队。大约有 200 名士兵，军事素质好，着装整齐，装备的是最新式的德国毛瑟步枪。缺乏训练的其他士兵，是刚招募的新兵。大炮不是用马，而是用人牵引；大炮是口径为 5.3 厘米的克虏伯炮；弹药也由士兵搬运。当前看来，骑兵的作战效率很低。总督统领的军队大约有 6000 人，分别驻扎在全省各地。但是，和中国其他地方的军队一样缺乏训练，但装备还算可以。此外，据说在 300 公里以外的洞庭湖和宜昌之间，还驻扎了 10000 满族士兵，将领是陈衡，军队缺乏训练，装备也不好。

刘坤一总督的军队

刘总督管辖的军队，据说有 2000 人，不过我看到的大约有 800 人。这些士兵个个体格健壮，大多数是湖南人。步兵装备了三种不同类型的步枪；同一连队的士兵，使用的枪也不一样。20000 人中的 10000 人，负责守卫江边的炮台。这些士兵衣着鲜明，粮饷充足，就是军事素养不高。

江阴驻扎了 3000 名士兵，由李将军统领。军中有两个炮队，每队配备六门大炮，还有两队骑兵。我见过他们在野外的训练，军队的军事素养好，装备也好。德国军官曾训练过这些士兵，不过他们现在离开了。

许应骙总督的军队

许总督的军队，据说有 8000 人，但是这些人不能算作真正的士兵。他们大都是苦力，只是穿着一件有军队标志的褂子。不过，总督正在着手训练他们，还招募了一些新兵。我看到有 250 人，正在进行前期训练。

杭州驻扎了少量满族士兵。

谭钟麟总督的军队

谭总督统辖的军队，据说有 20000 人。军中大部分士兵军事素养不高，很多士兵没有配备武器。这些人都是中国普通的苦力。一些驻守炮台的士兵则非常优秀。

广州驻扎了约 5000 名满族士兵。他们住在自己家里，缺乏训练，军纪涣散。这些士兵的武器非常差，也缺少组织性。比如，兵工厂的保安，拿的是老式的滑膛枪。

此省的梧州城，驻扎了 300 名士兵，全都没有配备武器。

桂云总督的军队

湖南和四川总督桂云，据说有 20000 名士兵。余蛮子领导的叛乱，持续了十年之久，军队却平息不了，足以说明这些军队军事素质很差。

成都驻扎了 5000 满族士兵，但是，跟中国其他军队一样，军事素养不高，装备差，军事效率低。

在考察不同的军队时，我发现，中国军队使用的枪械，有十四种类型：

三种不同类型的毛瑟步枪；马蒂尼·亨利；温彻斯特连发枪；曼利夏步枪；雷明顿枪；皮博迪亨利枪；斯奈德枪；恩菲尔德步枪；塔尔前膛枪；波丹步枪；中国旧式前膛抬枪；中国旧式后膛抬枪。

抬枪长度在 9 到 10 英尺之间。军队不同，抬枪的长度也不同；一些是前膛，一些是后膛。抬枪的重量在 40 磅到 60 磅之间。操作时需要三个人，两个人用肩膀抬枪，第三个人负责发射。

我也见到了弓箭。

为了证明这些军队在保护生命财产、为商贸提供安全保证方面的无能，我附录了一张清单，上面记录了自 1898 年初以来发生的暴乱事件：

沙市

沙市暴乱事件，发生在 1898 年春天。海关和怡和洋行被烧为平地；所有外国人的房子和船只都遭了火灾。不得已，英国向这里派了一艘战舰。

惠州

1898 年春天，惠州发生了一起普通的暴乱事件，中国军队制止不了。英国从琼州派去了一艘战舰。

广州

1898 年春天，广州城里发生暴乱，暴徒放火、抢劫。还有，在东江和它的许多支流上，海盗猖獗。

广西省梧州附近

1898 年夏天，这个地区发生了严重的叛乱事件。暴徒杀害了许多中国官员，洗劫了两座城市。政府派了 5000 士兵，也平息不了这场叛乱。

扬州

1898 年夏天，扬州发生了严重的暴乱。暴徒袭击和抢劫了许多小轮船。不得已，英国从镇江派了一艘军舰。

四川

自 1888 年余蛮子叛乱以来，许多人丢了性命，大量财产被毁，造成的损失合白银 6000000 两（将近 1000000 英镑）。

汉口

1898 年秋天，汉口发生了一起严重的纵火事件。在这一次火灾中有 1000 人丧失了性命；价值 1300000 两的财产被毁。

北京

1898 年秋天，北京发生暴乱事件。外国人和美英使馆的成员，遭到袭击。

卢沟桥（距离北京 12 公里）

1898 年秋天，甘肃士兵袭击了四名英国人。

贵州都匀附近

1898 年底，英国传教士弗莱明先生被杀害。

除了上述事件，安徽还发生了公开的叛乱事件，山东和甘肃也发生了暴乱。

纵观中国历史，叛乱事件层出不穷，严厉的镇压也从不间断。但是，没有一个政府像今天这样衰弱无力。之所以这样，是因为政府财政乏力，不能拥有一支人员充足、战斗力强的军队，去制止各种叛乱和暴动。

我曾经提到，北京的一些军队，用弓箭练习射击。这里也有许多类似情况。我既可怜这些士兵，又觉得这事很滑稽。梧州的领事告诉我，在最近的叛乱事件中，士兵的武器是五花八门——他们用的是大炮、步枪和老式短枪。士兵们还拿着长长的黄铜喇叭、铜锣，还有其他乐器，制造出各种刺耳的噪音，在城内城外巡逻。许多士兵没有武器，只是提着鸟笼，摇着扇子；只有看了他们的号衣，才知道是士兵。

从前面的评论来看，不难想象，中国肯定培养不出好的士兵。以我的见闻来看，如果经过合适的训练，各种军饷供应充足，那些人能成为优秀的士兵。中国人具备成为优秀士兵的各种素质。他们沉着冷静，遵守纪律，易于管理，学东西还非常快。在中日战争中，就有许多英勇事迹。鸭绿江战争过后，人们发现，延将军已经殉难，而和他一起殉难的还有几百名战士。

曹将军深受士兵尊敬和爱戴。牛庄附近的战争爆发之前，受伤的士兵拒绝在医院里养伤；一些士兵行动不了，即使让同伙背着，也要到前线为将军战斗。英国士兵不会忘记，在1860

年大沽战役中，正是几名从香港带来的苦力，勇敢地把云梯搭到了炮台上。

以最近的中日战争结局为据来评价中国士兵的战斗能力，是不公平的做法。因为，当士兵的装备还算可以的时候，他们有一个不称职的首领；当士兵有一个英勇的首领时，他们要么装备太差，要么弹药不足。我们知道，士兵配有步枪，但是行动之前，发到手里的弹药却与枪的型号不匹配。发到手中的弹药，有各类步枪的子弹，还有手枪子弹。士兵是好士兵，但是缺少有能力的将领，也缺少可靠的管理人员。

海军

中国海军有两个舰队——北方的北洋舰队，南方的南洋舰队。

北洋舰队有三艘德国制造的巡洋舰，吨位是 3400 吨；一艘德国制造的水雷巡洋舰；一艘水雷炮艇。我参观了这些军舰。

舰队订购的两艘 4800 吨位的装甲战舰已经建好，钱也付过。

由于中国既缺人，也缺钱，这两艘装甲战舰还停在阿姆斯壮。中国所有的造船厂，除福州船厂外，都没有用处，因为它们都在外国人手里。

有四艘水雷驱逐舰停在什切青，情况与那两艘装甲战舰一样。

南洋舰队有这样一些战舰：

6 艘吨位 3500 的巡洋舰，德国制造。

1 艘吨位 1800 的巡洋舰，英国制造。

4 艘吨位 400 的老式炮舰，英国制造。

4 艘现代水雷艇，长 130 英尺，德国制造，性能优越。

我参观过这些船只，还在一艘巡洋舰上住过一星期。这艘军舰是两江总督派给我的，供我考察长江沿岸炮台使用。

总体上来说，中国舰队中的人员不足，但是许多海军曾接受过英国军官的训练。

许多中国官员请我给舰队提点建议。我劝告他们应该把军舰用于治安，这些军舰能够清除广州及其附近的海盗。我强烈建议他们，不要再为海军购买任何武器，因为，把治安工作转交给他们以后，中国需要发展的是陆军，而不是海军。在我看来，为商贸提供安全保证是最重要的事，而这种保证只有陆军和警察能够提供。

我请他们注意许多虚耗钱财的事例。特别是沿海岸航行的小炮船，在江中航行的小炮船，它们既无用处，还耗费钱财。

中国只有一家造船厂，在福州。

我查明了船厂的预算，并参观了船厂。船厂里浪费严重，令人震惊。这里有一个干船坞，能停靠一艘 3000 吨位的巡洋舰。船坞的两侧已经破裂，船厂的官员正在为修复资金而发愁。

香港和广州及其附近，有一些水雷艇，但是他们被海关征用了。

我劝告中国人，把停在阿姆斯壮和什切清的军舰卖给他人。

西伯利亚东部和东北的俄国军队

我在牛庄的时候，努力收集俄国军队在西伯利亚东部和东北地区的信息，包括军队的数量和驻扎的地点。我咨询了一些权威人士，他们的信息可靠。俄国在这些地区的驻军，大致情况如下：

符拉迪沃斯托克28000人；尼古拉斯科20000人，6名将领；布拉戈维申斯克8000人；哈巴罗夫斯克及其周边地区40000人，总司令部设在这里，有一名总首领，12名将领；吉林7000或8000人。

俄国在西伯利亚东部和东北的驻军，合起来有120000人。我在牛庄的时候，那里有200名俄国士兵。据说，还有40名士兵驻守在辽阳煤矿。

现在，俄国正在符拉迪沃斯托克建造三个船坞，每个都很大，足以容纳罗斯舰，每个船坞的造价在19000000至20000000卢布之间。俄国还在建造一个长2.5公里的码头；建造可容纳8000到10000士兵的营房。

第二十二章

炮台和兵工厂

炮台

经总督们许可，我考察了分部在中国海岸和河岸四十多个炮台。到这些炮台后，我要求炮兵进行实际操作，以测试他们的工作效率。士兵们安放好大炮，用一些大炮发射了炮弹。一些炮台的战斗力非常强，一些炮兵懂得如何操作大炮。从身体素质来看，中国的炮兵都很优秀。炮台装备的大炮，类型很多。你所能想象得到的类型，在炮台都能看到。大多数炮台装备的是前膛炮；少数现代化的炮台，装备的是最新式的大炮。许多大炮来自中国的兵工厂，仿照的是英国和德国的样式。

总督们要我给他们的炮台提些建议，我照办了。

有一个炮台，装备了一门重达 60 吨的前膛炮，弹药箱就在大炮下面，装药时，把炮口压到弹药箱里装炮弹。我不谦虚地对此处的将领说，这样的操作方法太危险，一不小心，弹药箱就会爆炸。

那位将领认为我很聪明，随即说道：去年有一个弹药箱爆炸了，就是因为这个原因，死了四十二个人。兵工厂重新造了一个，结果和以前的一样，还会发生同样的事故。

在另一个炮台，重炮所用的一些弹药来自中国兵工厂。我说，这些弹药不合适，可能会把大炮炸裂。炮台的将领说："您说得对，曾经爆炸过；最近有两门口径为 12 英寸，重 50吨的大炮，它们的后膛就被炸裂了，还死伤了三十人。"我想起来了，此前在附近的一个炮台看到，两门口径为 12 英寸的克虏伯大炮，安装的是阿姆斯壮大炮的后膛。我询问原因，他们告诉我，在练习时，因为使用的是中国制造的弹药，大炮的后膛被炸毁了。上海兵工厂完美地修复了这些大炮。

我花费了许多时间，考察中国各地的炮台，知道了很多详情。不过我没有像记述中国军队那样，把许多详情写在这里。因为在我看来，炮台和英国商贸的安全没有太多联系；并且，对那些要求我提供建议的总督们来说，也不礼貌。

兵工厂

中国有 7 所兵工厂，分别位于天津、上海、南京、汉阳（汉口）、福州、广州和成都。除了成都兵工厂，其他六所全考察过。

我详细地调查了每所兵工厂的财政预算，产品种类，工人人数，从欧洲购买的机器和工具——实际上就是与工厂的管理、装备、产品制造相关的所有情况。我也按照总督们的要求，写了一份报告；他们也礼貌地给了回信。

天津兵工厂

天津兵工厂由直隶总督管辖。这个兵工厂耗资不菲，车间厂房非常好。这里有一个 1200 吨的液压机；总容量为 20 吨 4 架化铁炉；一个采用西门子操作程序的熔炉。一个重 12 吨的滑车，由一台 40 马力的机器驱动，它们是工厂自己制造的。我在这里时，工厂正在制造一台 130 马力的机器。工厂里的工具很好，是现代化工具，来自英国或德国；这些工具能修复和维护一个小型舰队，也能制造小型火炮。我见他们正在制造四个重 160 磅的压力循环锅炉。工厂内有大量空地，如果建成厂房，足以供给中国所有军队。厂里有水道，河水还很深。

厂里的总机械师是苏格兰的斯图尔特先生。中方的管理很糟糕，但是斯图尔特做得很精彩。工厂的管理者是一名中国官员，工资是每月 150 两银子（大约 21 英镑）；在英国，相似的职位，年薪在 2000 到 3000 英镑之间。

我曾经讲过中国官员的低薪所导致的后果。

这个工厂，如果交由合适的欧洲人来管理，用同样的预算资金，产量会是现在的三倍。

这个兵工厂里，还有一个造币厂。厂里有两台现代化机器，它们一天能制造 30000 银圆；当我在这里时，它们一天制造 15000 银圆。

兵工厂附近，有一家政府的弹药制造厂。厂里的机器设备很好，负责生产的是一位德国人。

我考察了设在天津的海军学校。学校的一切都井井有条，管理得很好。学校有六十名学生，他们很有教养，年龄在十六岁到二十岁之间。他们在学校里学习五年，然后到训练舰上实习。现在的中国海军，规模已经很小，很难说他们在训练舰上能学到什么。学校给这些学生教授英语。学校开支由户部提供，由中国负责管理。

隔壁有一家学校，当中有四十名中国学生。俄国人指导他们学习俄文翻译。学校的开支由户部负责。

上海兵工厂

上海兵工厂由南京总督管辖。工厂的装备精良，都是现代化设备，物资充足；车间设计规范合理，秩序井然。如果由欧洲人来好好管理，再给予充足资金，工厂能保障全中国海军和陆军的军需物资。厂里有两名英国顾问，他们曾指导了工厂的设计建造。邦特先生是总机械师；科尼什先生负责制造和装备大炮。工厂如果一直遵循这两位先生的建议，工厂的产量会大幅度提高，经济效益会更好。中国官员告诉我，他们非常感谢这两位先生的宝贵意见。工厂水运便利，有一个小码头，还有一架起吊能力为 60 吨蒸汽式起重机。工厂全部采用电车轨道运输物资。工厂的工具和机器全部产自英国，由一个德国代理商供应。我发现，这种情况在中国很常见。我还见到英国机器上印有代理商的名字。因为代理商的利润大约是百分之十，所以我问中国官员，为什么不直接从英国购买机器。他们解释说，如果机器有问题，他们很容易从代理商那里获得赔偿；如果机器直接从英国购买，机器出了问题，要想获得赔偿，麻烦太多，诉讼费太高。

这里的设备合在一起，可以制造30吨重的武器。为了向联合商会说明这所工厂的生产能力。我把工厂正在制造的产品列举如下：

两门9.2英寸口径大炮正在组装；两门9.2英寸口径大炮已交付军队；8门6英寸口径速射炮；十二门4.7口径速射炮；二十门20磅炮弹速射炮；二十门6磅炮弹速射炮；五十门3磅炮弹速射炮。

工厂制造的这些大炮，仿照的是阿姆斯壮的最新样式。

工厂自己冶炼钢铁制造大炮，矿石大部分来自国内。大炮使用的钢铁，参照英国标准；出厂测试，也是参照英国标准。

这里的机器，可以制造口径为12英寸，重50吨的大炮。

我在炮台里，见到许多产自这里的大炮。

兵工厂里的步枪制造车间，正在生产大量的步枪。这些步枪都是一流的弹匣步枪，最新的毛瑟样式。

弹药厂一年能生产几百万弹药管，机器设备很好，能生产所有的弹药管和炮弹管。这里的工厂还能生产各种口径的炮弹。一年当中，工厂制造的弹药数以万计。

火药厂制造无烟、黑色和褐色三种火药。

厂里使用的煤，来自天津附近的唐山。

邦特先生还设计制造了一台既适用又经济的机器。通过离合装置，同样的机器，可以驱动一个压力为 2000 吨液压机或者轧钢机，轧钢机能卷动 12 英寸厚的金属板。

工厂能为海军和陆军制造各种钢炮；也能制造步枪、火药，以及各种类型的弹药。令人难以置信，在如此优秀的兵工厂中，我却看到他们在制造老式抬枪枪管。管理影响了工厂的经济效益。中国军队用的皮革制品，都从英国购买。如果上海兵工厂有制革机器，造这些东西就很容易。

我与工厂中一位满族督办交谈。他对中国的未来很担心，希望英国能施以援手保全中国。我告诉他，除非中国人有自我变革的表现，否则，英国人不会提供帮助。

我还说，中国投入巨资制造大型重炮，是一种巨大的浪费。因为在目前，它们对维护中国的完整，起不了任何作用。如果把造大炮的那些钱，用来装备一支陆军，为外国商贸提供安全保证，那么外国商贸的状况，也不会是现在这样。

他认为我的看法有道理。

南京兵工厂

这所兵工厂归两江总督管辖。工厂的设备精良，大部分来自英国，也有一些来自德国和瑞士。这里没有欧洲的顾问和工头。工厂的官员和管理者，好像不知道他们在生产什么，或者不知道为什么生产这些东西。工厂的设备是现代化设备，但是制造的都是老旧无用的军用物资。工厂生产了大量的装 1 磅炮弹的小炮。工厂还仿照克虏伯炮的样式，制造 5 英寸口径的火炮，但是炮前不安装弹药箱，弹药得炮兵背着。我问一个主管，为什么设计成这样。他让一些苦力来演示了一下。他很快就发现，这种方法不适用。他以前从来没有做过实验。这里的一些机器还在制造口径一英寸四管诺顿费尔特炮——一种老旧的武器。工厂生产的更多的是老式抬枪。中国官员还颇为得意地向我展示了一项发明——把毛瑟枪的后膛安装到一些抬枪上。其中一位官员告诉我，这种抬枪能穿透四英寸的木头，没有国家能造出这种武器。可以看出，他颇为自豪。看到这些自满的官员和勤劳的工人，正在制造一些毫无用处的军用物资，我感到有些悲哀。厂里用的钢材都从上海兵工厂购买。

汉阳（汉口）兵工厂

这个兵工厂归湖南和湖北总督管辖。厂里机器都是现代化设备，产自德国。这里有许多先进的铣床。这里有一个非常好的步枪制造厂，仿造现代样式毛瑟枪，一年大约能制造 8000 支枪。这里也有一个大炮工厂，现在能制造 200 门小炮，装 1 磅重的炮弹。这种小炮，我在其他地方提到过。这个工厂又是一个浪费大量资金制造一些无用之物的例子。我看到，工厂里放着贵重的大型机器，可以制造口径为 12 英寸，重 50 吨的克房伯式的大炮，但是这些机器却没有装备起来。我还看到许多制造火药的机器，也没有组装使用，但是工厂里需要的弹药却从德国或上海兵工厂购买。这里有一个步枪子弹制造厂，每天能制造 10000 发子弹。这里还有制造焦炭的工厂，但是没有开工生产，兵工厂需要的焦炭需要从北方的唐山煤矿运来。除了一些机器没有装配，闲置在工厂里之外，还有许多装配好的机器也没有运转。

这里好像没人组织，没人负责，非常混乱。工厂雇用了一些德国人，厂里全靠这些德国人来维护机器和制造产品。像其他兵工厂一样，如果由这些外国人来掌管工厂，既不会浪费资金，也会制造出实用的军需物资。

福州兵工厂

福州兵工厂和船厂由满族将领管辖。厂里有一些小型化铁炉，产能分别是 2 吨、3 吨和 5 吨。这里也有一些制造引擎的机器设备，其中一些来自英国，大部分来自德国。这里也有现代化的锅炉间，所有锅炉都来自法国。铸造车间生产阿姆斯壮式重炮的炮管和前膛。与我考察的其他几个工厂相比，工厂经费的浪费更严重。

广州兵工厂

这里的兵工厂归两广总督管辖。工厂的一个院子里，堆放着老旧的军用物资和工具，以及几千个各种尺寸的球形铸铁炮弹。另一个院子，有一些现代化的机器，来自英国和德国，但是，它们正在制造发射 1 磅炮弹的小炮和老式抬枪。

这里还有一个旧的火药厂。厂里的格子窗户还开着。我告诉那个东北官员，如此大意非常危险，容易引起爆炸事故。他回答说："确实如此。两年前发生过一起爆炸事故，死伤了二十人。现在这个是重建的厂子，但是我们不打算用它。"

这里有一家步枪制造厂，生产的毛瑟式步枪非常好，但是，抬枪的产量是步枪的两倍。这里制造的抬枪，是我见过的最长的抬枪，有 9 英尺 8 英寸长。厂里自己生产工具钢。

这里有两座小型熔铁炉，尽管机器有些旧，但是性能良好。在浇铸车间，工人们正在制造做装饰的栏杆。

江的对岸有一家火药厂。我到这里时，工厂才开工三天。工厂的设备齐全，是一家现代化工厂。工厂的锅炉、引擎、旋转轴质量属上乘，都是兵工厂自己生产的。这家工厂制造德国无烟火药，今年有望产出 90000 磅。

距离火药厂四公里，有一家枪管制造厂。厂里机器设备很好，德国制造。厂里制造毛瑟式步枪和抬枪的枪管。

成都兵工厂

因为这家兵工厂远在西部的四川省，所以，是我唯一没有考察过的中国兵工厂。但是我知道，兵工厂由一位满族将军管理，机器来自德国和英国，制造毛瑟式步枪和枪管。

我发现，这些兵工厂都由中国人管理。很多时候，工长和工人都不懂工具的工作原理，工具不能完全发挥作用。当我给他们演示正确的操作方法时，他们很感兴趣。

这些兵工厂正在浪费大量资金，制造的大量军事物资都没有用处。上海兵工厂，放在欧洲也是首屈一指，即使这样，也正在为军舰和炮台制造重炮。而这些重炮，对当前的中国没有任何用处。我大胆地给总督们提出上述意见。

除了上海兵工厂，中国应该把其余的兵工厂改为仓库，可以节省一大笔资金。如果把省下来的资金投入上海兵工厂，它的生产能力就足够装备一支200000人的现代化军队。

第二十三章

铁　路

中国的铁路，可以分成三个部分来介绍：已建成的铁路，正在修建的铁路；计划修建的铁路。

已建成的铁路和正在修建的铁路，区别很大；计划修建的铁路还仅仅在计划中，它们所要通过的路线，还没有经过实地勘测。

与其他国家正在修建的铁路相比，英国的铁路还没有经过实地勘测，不能算作有利于英国贸易的商业资产。

已建成的铁路

目前唯一建好的铁路，是中国自己修建的铁路。

1. 北京—天津—山海关铁路，长300公里。我在那里考察的时候，这条铁路归胡侍郎管辖。

2. 上海—吴淞口铁路，大约长17公里，由盛宣怀管辖。

北京—山海关是双轨铁路，建得好，维护得也好。这条铁路的详情在"唐山"有记载。铁路所用材料，除车轮和车轴以外，都是在唐山生产。

上海—吴淞口也是双轨铁路。虽然工人每天都保养火车，但是它的建造或维护情况不太好。我乘坐过，也检查过这两条线。

中国铁路的概况如下：

已修建的铁路，都是中国自己修建，有 317 公里。

正在修建的铁路，中国自建的有 170 公里，比利时修建 700 公里，俄国修建 1400 公里，总计 2270 公里。

计划修建的铁路（包括已勘测过，或正在勘测的路线），中国自己修建 97 公里，德国 430 公里，英国 730 公里，英美合建 700 公里，中俄合建 130 公里，法国 420 公里，合计 2507 公里。在计划中，但未经勘测的铁路线，英德合建 600 公里，英国 470 公里，合计 1070 公里。计划修建的铁路总共有 3577 公里。

正在修建的铁路

正在修建中的铁路有：

1. 卢汉铁路，或者说是北京—汉口铁路的主干线，长 700 公里。

2. 山海关—牛庄铁路，170 公里。

3. 斯利肯斯科—符拉迪沃斯托克铁路，中国境内 1000

公里。

4. 俄罗斯—东北铁路，斯利肯斯科—符拉迪沃斯托克铁路的一个支线，到大连湾和旅顺，大约长 400 公里。

卢汉铁路　是从北京到汉口的铁路，由北至南依次经过直隶、河南和湖北三个省。这条铁路由比利时和法国的公司投资修建。法国投资 3000000 英镑，比利时投资 2000000 英镑，获得了修路的特权。这条铁路的前景很好，但是有人认为，计划修建的天津—镇江铁路，会比它更好。

我考察了卢汉铁路的北部和南部。在北部，这条铁路连接了已修建的中国铁路；在南部，从汉口开始修建。

北部的工程进展很好。但是在南部，尽管大约有 12 公里的路基已经铺好轨道，但是现在停工了。

由于长江不断侵蚀北岸的江堤，所以我认为，铁路的路基离长江太近了，可能需要另外投入大量资金，不断加固江堤。

这条铁路由盛总办管辖，与中国北方的铁路完全没有关系。

在北方，盛总办害怕新手会妨碍施工，就从中方借用熟练的工程师，开始修建这条铁路，在汉口也是一样。

中国负责的路段，是从卢沟桥到保定府，长 80 公里。铁路设计的是双轨，但是，只有在建好一条轨道以后，才铺设另一条。工程进展很慢，因为盛总办用的铁路器材要从他在汉阳的工厂运来，这样成本高，也延误工期。

到我考察的那一天，主干线已铺设了 45 公里轨道，到琉璃湖西部的煤矿和采石场有一条支线，铺设了 10 公里。剩下到保定府的一段铁路，所需的 4000 吨铁轨还没有从英国运来。

据说，除非把铁路再多向南方延伸，否则这条铁路上的贸易不会太繁盛。铁路的勘察，进展得也很慢。我在这里的时候，负责勘察工作的比利时工程师才刚刚到达。

比利时的资金不到位，延误了工程进度。由于比利时的公司筹不到资金，美国人已经接手了这段铁路。

至保定府的铁路，预计在 1899 年 5 月通车。但是有一两座大桥还不能完全建好，因为桥的大梁还没有运到。

山海关—牛庄铁路 是京津铁路的延伸。它是从山海关到营口（牛庄口岸），经过锦州，还经过一个到新民屯铁路的连接点。到新民屯的那段铁路，已列在修建计划中。

铁路已修到锦州，可能在 1899 年 5 月开通。这条铁路由一家英国公司负责筹资。关于借款担保问题，英国和俄国政府之间有误会，这点请参阅"牛庄"那一章。

因为这条铁路经过新开埠的秦皇岛，而此岛经过投资开发，可以成为一个商业港，所以这条铁路的价值非常高。

另外，这条铁路还经过藏量丰富的煤矿区，当它延伸到新民屯时，就离广宁的煤矿和铁矿区很近。

这条铁路的珍贵之处还在于：当它连接到营口（或叫作牛庄）时，商人在冬季也能与东北展开贸易。因为牛庄港口冬季结冰，每年有四到五个月的时间，不能经营贸易。人们普遍认为这是英国人修建的铁路，是为了与俄国在北方的铁路相抗衡。实际上，这是中国的铁路，由中国控制、保护和管理，一家英国公司只是为修建铁路筹集了资金。这些资金以山海关铁路为质押，中国政府也提供了担保。

斯利肯斯科—符拉迪沃斯托克铁路　是俄国西伯利亚大铁路的延伸，经中国政府授权，由俄国出资建造。

这是一条有战略意义的铁路。铁路的工期赶得很紧，有望在四年内完成。铁路修建的还比较顺利，只是一些隧道和桥梁带来了难题。这是一条单轨铁路。

俄国—东北铁路　是斯利肯斯科—符拉迪沃斯托克铁路的一条支线，往南到达大连湾和旅顺港。这条铁路是俄国人的特权，按照俄国的铁路规格修建，由俄国筹资、管理、修建和保护。

这条铁路具有战略意义，同时也有商业价值。如果机会均等政策能在中国北方实施，这条铁路对英国贸易的发展，意义非凡。因为，这条线将开发一个非常富裕的地区，而这个地区的交通条件却非常差。

我在牛庄的时候，大连湾到北方的铁路主干线，路基已建好了150公里。牛庄到主干线的支线已接近完工。铁路沿线有哥萨克骑兵巡逻。我得知，这是为了防止中国人盗窃铁轨。

计划修建的铁路

计划修建的铁路有13条：

1. 太原府—正定铁路，130公里。

2. 胶州—沂州—济南铁路，是一条三角形的铁路，把这三个地方连了起来，长约 430 公里。

3. 天津—镇江铁路，约 600 公里。

4. 汉口—广州—九龙铁路，约 700 公里。

5. 北京英商公司铁路，250 公里（不包括支线）。

6. 越南东京—南宁府铁路，200 公里（中国境内）。

7. 越南老山—南宁铁路，100 公里。

8. 北海—南宁铁路，120 公里。

9. 上海—南京铁路，180 公里。

10. 浦口—信阳铁路，270 公里。

11. 苏州—杭州—宁波铁路，200 公里。

12. 缅甸—云南铁路，约 300 公里。

13. 山海关铁路的延伸——从锦州到新民屯，97 公里。

太原府—正定铁路 是卢汉铁路的支线，它起自正定，终至太原。这条铁路的经营权已委托给了中俄银行，银行和中国签有合同，负责修建铁路。据说，这条铁路在筹资方面遇到了困难，不过，我认为这不可能。因为我在中国的时候，看到布勒特伊爵士和一些工程师，正在勘察预定的路线。我认为他代表了法国的里昂信贷银行。资金肯定不成问题，因为这条铁路建成后，将是法国在中国的最优资产之一。

胶州—沂州—济南铁路 是山东省境内的一个三角形铁路，授权给了德国。工程师正在勘测这条铁路。有一点需特别注意：就铁路开发而言，只要在山东省境内，德国断定她拥有优先权，而英国和中国政府竟然同意德国的要求。

天津—镇江铁路 从北向南而行，在卢汉铁路东部。由于它沿海行进，所以，经济效益可能会好些。这条铁路由英国和德国联合承建，合同已经签订，但是还没有勘测路线。

汉口—广州铁路 是从长江到广州的一条铁路，由英国和美国联合承建。这条铁路特别有价值：铁路要经过一些富裕的省份；特别是它还要经过湖南这个排斥外国人的省份。

铁路经过的区域，在中国的富裕地区中，排名第二。这条铁路是英美两国公司的共同项目，所以这个协议的签署，特别令人满意。整个铁路长700公里，但是，其中的600公里最初属于美国公司。

北京英商公司铁路 是一个资源出口通道。英国在中国开采的煤炭、铁矿和石油，都可以从这条铁路运出。在中国所有的煤矿和铁矿中，山西即使不是世界最大的矿区，也是世界最大的矿区之一。这个公司有最有价值的特权，因为它还有权建造铁路支线，连接主矿区；或者通过航运，运输山西的煤炭。离长江最近的航运点是襄阳，它在汉江旁边，距离煤矿250公里。现在还没有勘测线路，但是，最近有一批优秀的工程师，已经写出了一份完整的报告，报告内容不仅涵盖了路线，也涵盖了煤矿。

越南东京—南宁铁路，越南老山—南宁铁路，北海—南宁铁路 直接连在一起。法国已经和中国签订了合同，一些线路已勘测过。我听说，法国工程师和他们的越南护卫对当地人太严厉，不受欢迎。

南方的商业团体直率地表示：无论如何，法国也不会修建这些铁路。因为，法国商团认为，这些铁路不会给法国带来利益，但是会大力促进英国贸易的发展。

上海—南京铁路　是英国的铁路，计划把南京与海岸连接起来。这条铁路如果建好，将是英国宝贵的财产。修建铁路的合同已经签订，英国已经勘测过部分路线。

苏州—杭州—宁波铁路　同样由英国公司承建。这条铁路如果建成，它的收益会很好，因为铁路经过的地区，是人口非常稠密的地区。合同已经签订，但是还没有勘测路线。

缅甸—云南铁路　计划由英国人承建，与缅甸铁路连接。当铁路到达中国境内，由云南筹资修建。有人认为这条路线不切实际。但是，这种说法不可信，因为经过实地勘测，这条线路可行。依我来看，铁路实际上能建成。

山海关铁路的支线　是京津铁路延伸计划的一部分。现在朝两个方向修建，一个是从拟定的交界处——广宁南 10 公里的地方，到新民屯，共 67 公里，另一个是从主线到南平①煤矿，有 30 公里。这是一条中国的铁路，由中国控制和管理。英国人金德先生负责铁路的具体管理事务；一家英国公司负责筹措修建铁路的资金。

这条铁路特别有价值。它接近煤炭资源丰富的广宁；还有

---

① 译者注：此地名为音译。

一个优点毋庸置疑，就是它靠近大海。此外，照现在的情况来看，它将来能撬动东北这个庞大的贸易市场。

在我看来，中国的铁路，如果能够把下面这些地方连接到一起，贸易就会有飞速的发展。

这些路线需要去考察：

1. 从梧州到重庆的铁路，途经广西省会桂林和贵州省会贵阳。如果建成这条铁路，那么，货物运往香港的时间，将会从现在三个多月，减少到四天以内。

2. 从南宁到长沙的铁路。如果路况合适，这条线建成后，将开发一个非常富裕的地区。

3. 从重庆到成都的铁路。据说，如果路况合适，一定会修建这条铁路。

除此之外，还有一些铁路值得修建：从杭州起，经过镇江和福建省，再到广州。英国一家公司一直在申请修建这条铁路。

除俄国—东北铁道的规格是 5 英尺外，所有中国铁道都是 4 英尺 8.5 英寸。

在中国修建铁路，有一点很重要，那就是要适应中国的人民、气候和国土。

欧洲那种代价昂贵的修路方法，和美国拓荒线路上粗糙的轻型结构铁路，对中国来说，都不适用。铁路的修建，要在这两个极端之间，既不能太贵，也不能太粗糙。这就更需要依靠人才和现场人员的经验，而不是高层的观点，或其他地方的经验。

关税必须要低，否则，铁路在货运方面的优点就显不出来。另外，如果车票太贵，中国人也不愿意乘坐。

从调查的情况来看，我认为，只要资金一开始没有被浪费掉，大多数铁路都能建成，收益还很好。关于中国铁路的运营成本，在"唐山"那一章，有详细描述。

如果能在中国实施门户开放政策，那么，兴建铁路的国家越多，对英国的贸易就越有利。但是，为了确保门户开放政策，就铁路方面来说，我们应该适当承认其他国家的一些权利，利益范围。对在山东的德国，在东北的俄国，我们已经做过让步了。那么就有一个问题：在长江流域，其他国家已拥有修路的特权，我们在这里处于什么地位？以我陋见，如果任何地方都不实施势力范围政策，并且坚持门户开放和机会均等政策，对英国的商贸更为有利。

第二十四章

水　运

中国境内水道密布，它们是天然的交通道路。中国几乎所有重要的地方，都通水路。世界上最壮丽的几条河流，灌溉着中国的土地。贯穿中国的运河水系，有六百年历史。然而，像中国其他一切事物一样，无比完美的水道交通，正趋向衰落。大运河是世界上最优秀的人造工程之一，把北中国和长江连在了一起，现在某些地方已经完全干涸。不过，我在汉口的时候，见到了来自北京公司的一位工程师。他从北方来，走的几乎都是大运河水路。他报告说，大运河上有几百公里还能通航。

　　政府划拨巨资，用于维护和修补河道，但是资金都不知用在了何处。河堤得不到加固和维护，正在坍陷。许多重要的河道都充满淤泥。这种状况耽误生意，也给贸易带来了诸多不便。

无论铁路运输的便利提高到何种程度，水路运输都不能被忽视。水路不仅是主要的运输方式，天然的运输方式，而且是最便宜的运输方式。如果水运能保持畅通，对外国贸易的扩大，将会提供极大的帮助。

　　长江是中国主要的河流。在世界河流排名中，第一是亚马逊河，第二就是长江。长江水面宽阔，长度在 3000 到 3500 公里之间，是中国的大动脉，它流经中国最富裕的地区，流域面积在 700000 到 750000 平方公里之间。在雨季，长江为海轮提供了 680 公里的航道，也就是说，可以从海上航行到汉口。汉江在汉口注入了长江。汉口以外，航行变得稍微困难，但不危险。普通的小轮船可以从汉口航行到湖北宜昌，距离为 370 多公里。也就是说，从入海处算起，长江的主干道，可以为轮船提供 1050 公里的航道。现在从宜昌到重庆，中国帆船可行驶 440 公里。宜昌上的激流，只能航行一些吃水较浅的小轮船。然而，一位居住在中国的英国公民——阿奇博尔德·利特尔先生驾驶一艘汽艇却行到了这里。他是轮船和文明在长江峡谷中的开拓者。中国的小帆船还可以行驶到屏山，距入海口有 1750 公里；据说，一些小船还可以再往前行驶 200 公里。这样算来，长江上的通航里程将近 2000 公里，长江称得上是一条贸易公路。

　　我从上海沿长江而行，在途中考察了许多通商口岸。由于时间紧迫，我只能在汉口调查。我在汉口完成了所有航道和贸易的考察任务。一位英国的领航员，经常往来于汉口和宜昌之间，他给我提供了详细资料。

这段航道上，夜间没有指示灯。这里有三家航运公司——怡和洋行、太古洋行和中国招商局。这些公司在宜涂设有永久浮标；除此之外，每个公司的轮船在起航或停泊时会鸣笛，然后放置浮标。水里的沙子在不断流动，在很多地方，甚至每天都有变化。经常发生的情况是，在同一个地方，去的时候水深7或8英尺，回来的时候，水深只有3或4英尺。在夏季，吃水深度为16或18英尺的轮船，行驶到宜昌，畅通无阻；但是到冬季，轮船的吃水深度超过6英尺就无法航行。如果轮船行到宜昌，此地又能停泊许多大船。

长江上出名的峡谷和险滩，位于宜昌和夔州之间，两地相距146公里。尽管我没有时间亲自考察这些地方，但我还是通过经常航行在这段水域的外国人以及中国船员，获得了可能得到的所有信息。

就我所知，这条航道的危险和困难程度，绝对比不上尼罗河。经过几年努力，英商的货船就能顺利通过这些险滩。无论如何，我们都要去努力尝试。

我发现，没有一家英国公司尝试派轮船通过这段峡谷。但是我听说，一家德国公司正在筹措资金，为此事做准备。虽然这是一个公开竞争的事情，但我还是希望，为了英国的贸易利益和声誉，第一个通过这段险滩的轮船，悬挂的是英国国旗。

我到几艘帆船上看过，它们在险滩间开展航运业务。与中国其他帆船不一样，这些船都是能工巧匠制造，非常漂亮。帆船吃水线旁边的上层甲板上，有雪茄造型的栏板；每一块拦板都装钉得很结实，以保证行驶安全。这些帆船装载量在 50 到 60 吨之间。由于它们经过险滩，遇到的困难不是太多，所以很适合从四川运送出口货物。但是，进口贸易也急需大轮船，因为这些帆船逆流而上，风险很大，还会耽误货运。

江中的弯处太急，江水的流速太快，是在这段水路航行要面临的主要困难。就我所知，江水时速在 8 到 9 海里之间；此段水路的水势变化太大，有时在 800 英尺的距离内，水面能降低 5 到 6 英尺。

我有一份 1897 年宜昌河段水位记录表，记录了每天的涨潮和退潮情况。涨潮的最高纪录是 24 小时内涨了 132 英寸，退潮的最高纪录是 24 小时内落了 59 英寸。这两个纪录，分别在 5 月 6 日和 8 日。

那些习惯在湍急江水中航行的人，行船时很小心，他们没有把这些湍流看作是一种危险。帆船偶尔会被撞破，但是由于船上建有密封舱，所以很少沉没。有时船员也会落水，但是为此而丢性命的很少，因为在所有危险地段，都有救生艇——舢板。损坏货物倒是经常发生的事。

我确信，如果小心驾驶，英国的伍德科克战舰能在这条水路上安全航行。

像在尼加拉河上一样，人们可以利用这里的峡谷发展水利事业。这里可以建水电站，可以建立工厂加工烟草，以及本地的其他产品。我曾经描述过日本琵琶湖上的一种装置，它可以利用水力拖运船只，那种装置也可以用在这里。

在我看来，只要西方国家能投入资金，工程师竭尽所能，货运轮船就能以不低于 12 海里的速度安全地行驶在这些湍流上。

许多专家认为，在峡谷中的任何地方都可以施工，没有太多困难。一位最近从这里走过的英国工程师告诉我说，如果能投入 12000 英镑，就能永久改善新滩的湍流。他还说，投资 50000 英镑，足能使轮船在这个地方一年四季畅通无阻。轮船在这些富裕的省份通航，将会带来巨大的收益，与此相比，那点投资就不值一提了。

据说，中国官员已划拨了 150000 两白银（约 21000 英镑），用于改善牛滩，以保证通航安全。

直到现在，他们的工程也没有什么进展。按常理来说，大部分资金，肯定又被地方官员贪污了。

有一件事引起了我的注意。我刚到汉口的时候（1898 年 11 月），法国正在四川勘测铁路路线。他们的勘测员公开宣称，如果采用势力范围政策，那么四川肯定在他们的势力范围之内。如果英国承认了这种说法，那么英国的势力范围就到洞庭湖为止了，不过其中肯定包括宜昌。

法国的主张基于这样的事实：中国人说的长江，是指从洞庭湖流出的这段，此段上游，只是长江的支流。实际上，中国人从不像外国人那样，把长江作为整个水域的名称。中国人把洞庭湖以下叫作大江；洞庭湖往东，也就是外国人称为长江上游的水域，中国人一般称作荆江。

有件事非常重要：如果在中国实施势力范围政策，就会引起更多的国际争端，可能会引起战争。我对法国在长江上游地区的勘测工作，很不满意。我会向联合商会提议：英国要监视中国这片区域不受其他国家侵扰，才能保护自己的利益。

我在中国的时候，英国政府刚组装了一艘浅水炮船——伍德科克号，停靠在长江上。这艘船的组件是从英国运来，按照尼罗河上浅水炮船的样式制造。这种炮船，最近在尼罗河上发挥了巨大效用；并且，吃水深度不超过两英尺。

大家会在会谈记录中看到：在与南京总督和武昌总督会谈时，中国官员们表示，为了帮助地方政府确保外国人的尊严和安全，他们热烈欢迎英国炮船的到来。

现在急需在长江和其他河流上，设立卸货港和储煤趸船，特别是前者。在沿河开放口岸设立趸船将对商人有利。

长江上的货运繁忙，客运也一样。客船的设计主要是为了中国人，也有便利欧洲人的设施。船票价格很低，乘客大多是中国人。到汉口的途中，我考察过中国人乘坐的轮船。船上有许多中国船员，还有几名押运员。船上的指挥和主管是欧洲人；两名领航员，一名是中国人，一名是外国人。主管的待遇很好；尽管有些河岸部分时候有瘴气，会有点儿风险，但是在一个适宜的气候中生活和工作，还是令他们感到快乐。

小船航行，从上海到镇江，有内河连接；从苏州到镇江，可以通过大运河，只用在长江上航行 5 英里。1898 年 6 月，一

位英国绅士就这样走过。他乘坐的是一艘汽艇，吃水深度是 3
英尺。我说这些，是为了向大家表明：中国的河道密布；只要
稍微用心用力，这些河道就能成为内地的贸易通道，既便宜还
有价值。我亲眼见过一个聪明的做法：在河里放置拖船，把那
些装满货物的帆船，快速拖到运河里去。这些帆船是靠风行
驶，有时一等就是好几天。

大运河

大运河是世界上最长的人造水道，它起自天津，南到杭
州，长约 600 英里。大运河穿过了无数河流，其中也包括黄河
和长江。

在镇江时，长江南边的大运河引起了我的注意。我看到，
河里没有水，有一群猪在河床里嬉戏，运河确实是干涸了。只
是由于缺少照管，运河与长江的连接口才充满了淤泥。运河现
在的状况很糟。在长江南边，有八九公里河道，每年有四个月
的时间不能行船。过往船只不得不向南绕道几公里，然后再驶
入运河。

这只是众多例子中的一个，说明中国缺少土木工程师。

如果能疏浚河道，提高航运效率，将会提高镇江的经济水
平，改善中国内地的交通线路。这个问题，在镇江商会的备忘
录里谈到过。用于维护河道的大笔资金，大多数都被官员们挪
用了。那些每年花费大量资金清理河道的官员，从来没去过长
江南边。

据说，运河的北部，由于定期的黄河洪灾，河道被阻塞了数公里。

假如能开发运河航运，那么在商贸方面，运河的重要性不能被高估。

西江

在中国，对贸易最重要的河流，接下来是西江。西江在广州附近流入大海。西江流经中国南方各省。这些省份的土地肥沃，宜于耕种。

这些省份和香港之间的贸易，数额巨大，还一直在增长。

如果仅仅看数字，不看说明，那些不熟悉情况的人，对英国在这里的运输业务，会产生错误的看法。实际上，除了美国有一条载重100吨的小船，这里的运输业务，要么属于英国，要么属于中国。随着内地水路的开放和待遇平等策略的实施，这里的贸易会有大幅增长，英国船只也会越来越多；但是，如果实施势力范围政策，法国人把两广作为自己的势力范围，她将不许别人来竞争。西江上的贸易有这样几类：从国外进口货物；货物转口香港，出口到外国；内地贸易——国内开放口岸之间的贸易；货物出口香港，再转运到中国，这些货物需缴纳子口税。

怡和洋行的一位代表，去年到佛山考察，和商人们讨论了很多问题。他发现，很多佛山本地制造的产品要运往南宁，走的还是老路线——经过北海；他们也是迫不得已，因为这条线路收税最少。货物经过北海运到南宁，包括厘金、运费、苦力工资等费用在内，每担花费 3.47 银圆。把货物运到香港，再转回中国，需缴纳出口税、进口税和一半子口税，每担货物花费 2.44 银圆；省下的钱，足够支付在西江河运上的花费。当问到这样做的原因时，商人们说：如果仅仅为了逃避地方的税收，他们不会选择这种方法；这种方法的好处是货物运得更快，更直接；此外还有一个好处，这些货物可以得到子口单，所以他们很快就采取这种办法。结果就是，出口到香港的货物增加了。实际上，几乎所有出口贸易，和相应的进口贸易，都经过三水海关，原因就在此。这里的运输业务分两种：一是直接通往香港，途中捎带一些国内的货物；二是只在内地往来，比如从广州到梧州。从事第一种运输业务的有：英国的轮船、英国的三桅帆船或帆船，美国的一艘小轮船，还有一些不知国籍的帆船——由中国汽艇拖拉。从事第二种业务的有：英国的轮船，一两艘中国汽艇，许多特制的帆船——由中国汽艇拖拉。中国的船只，属于官商合营，厘金税官在其中有股份。

对那些没有悬挂国旗的帆船，需要做些解释。西江海关在设立之初，就预想有必要设计一些诡计，于是制定了下面这条规则：

属于外国人的汽船和没有蒸汽引擎的船只，如果没有在国内和殖民地登记，但是有西江海关出具的证明，也可以在西江上做生意。

既可以悬挂中国国旗，逃避厘金税，又不用像外国商船那样，缴纳进口税。香港华裔很快就利用起这条规则来。一个西江证明，每年需向海关缴纳 100 银圆。事情的流程是这样的：

中国富商雇佣一些外国人，一般是英国人，让他们成为名义上的船主。富商用这些船来运送大量货物。这些外国人告诉海关和领事，他是船主，那些中国富商是他的代理。并且，按照规则，外国人允许中国富商，在香港居所的门牌上附上外国人的名字。中国富商用外国人的名字，到海关办理各种业务，领取子口单。在运输途中，如果受到厘金税官的干涉，则由领事出面交涉。因此，在梧州海关的登记簿上，就有了许多外国人的名字，还显示他们进口了大量货物。实际上，他们只是中国人雇佣的经纪人。这种能使中国人逃避厘金税的操作方法，面临着一个困难。因为这种操作较多，所以，迫使领事对此类申请的检查更严格。充其量，我们不向那些想从事合法贸易的人推荐这种操作方法，但是，那些贪污腐败的中国官员，正在使用这种方法，让中国人借用外国人的名义，以确保能受到平等待遇。毫无疑问，随着改革的实施，这种情况会消失。那么，首先要做的事，就是公示内地水路的厘金税，在那些地方收，收多少。我在"贸易"那一章，对这事有详细说明。

在西江，悬挂英国旗帜的货船不多；而没有悬挂旗帜的帆船，却能在江上从事货运业务，此中缘由，有以下几个方面：

在西江开放以前，这里的厘金税重，商人遇到的麻烦多，所以，几乎所有货物，都改道从北海运到南宁，从河内—龙州运到南宁。与西江相比，这些线路都不是最直接的线路。因此，难以估量这些贸易的总额。这里的贸易额到底有多少，只能依赖中国海关的统计，不过数额肯定不大。这些情况导致的后果就是：中国的大型船运公司，不会购船投入西江。官方也不关心这里的贸易，比如，罗伯特先生在梧州海关仅象征性地安排了一名职员。然而，由于中国人一直使用这种方法，所以，这里的贸易一再被耽误。不过，我们正在做一些事情，其中包括英国人在西江上的投资。

关于两个开放港口之间的贸易：在西江开放之初，有两艘英国轮船，经由西江水路，在广州和梧州之间运输货物。但是，英国船只和中国船只受到的待遇不同，限制了英国船只的收入；并且，那些直接通往香港的船只，虽说客运量很少，也同样受到差别对待。

在这种受限制的情况下，人们就不必奇怪，为什么一些航运公司投资造船的速度那么慢了。因为这里的贸易几乎无利可图。

西江上的通商口岸，现在最通行的做法是：用小轮船拖拉帆船。帆船装载着货物，要缴纳厘金税；小轮船要缴纳关税。这种双重控制体系，助长了走私和逃税行为。

英国商人们怨声载道——中国厘金税官把优先权给予了西江上的中国船只，然后从中获利；而且，内地商人的货物也获得了类似的权利。这些做法与条约规定的权利不符。

对于西江上的贸易利益，英国商人们的意见，概括起来，有如下几点：

1. 当货物运到中国各个地方时，英商不能直接从中获利。

2. 英国船主不能直接从货运中获利。即使获得许可，他所能做的事，也就是把小船推到中国有水道的各个地方。

3. 随着英国船只的到来，真正的英国公司的设立，如果再实行税收改革，那么英国的货物会有更大的销量。

4. 现在，船主的处境很惨，他们在这里受到了不平等待遇。中国税官优待那些装载中国货物的帆船。此事与船主个人无关，也与中国政府和公民之间的事无关，而是中国对英国承运的所有货物直接收税。

5. 依据中国海关对内地航行章程的说明，这种情况无法补救。

如果上述观点正确，敬请联合商会认真考虑。在我看来，必须要求中国公平对待所有货物。无论用何种方式运输货物，船主、商人，以及为中国提供货物的制造商，都应该能获利。在这方面，首先要做的就是调整《内陆航行章程》，使它无差别地适用于所有水道，适用于所有船只和货物。

对贸易来说，西江上的海盗，是另一个严重的障碍。在"广州"那一章，我举了一些例子，以说明这里的海盗正在兴起，而政府却无能为力。

像中国其他水道一样，西江应该由西方的土木工程师来勘测一下，采取有效措施，以保护这种既便宜、价值又高的交通方式。

黄河

黄河之名，缘于河中携带的大量黄沙，使入海口附近几公里的海水，都变成了黄色。尽管在贸易方面，黄河没有西江和北河重要，但是，在河流的长度和水量方面，中国的河流中只有长江能与她相比。

黄河发源于昆仑山的平原，与长江的源头相距不远，长约3000 公里。它流过许多山脉以后，进入中国巨大的平原地区。实际上，这些平原是冲积平原，由黄河和一些更古老的河流冲积而成。据说，黄河流出山区以后，到达一个叫巩县的地方，此地离泰安府有 80 公里。从这里开始，黄河时常改道，有时流到山东的西北，流进渤海湾；有时流入山东南部。有一幅真实的中国地图，1853 年绘制，上面的黄河就是流经山东南部。在 1853 年，黄河又改道了，也落下了可怕的名声，并且形成了目前的河道。黄河经常被称为"中国的挽歌"，因为，在中国早期历史上，黄河会定期发大水，冲破河床，淹没村庄，给人们的生命财产造成极大损失。在我们这个时代，黄河洪灾在1887 年发生了一次；在 1898 年又发生了一次，据我知道的情况来看，两次洪灾造成的损失同样巨大。山东、河南两省的大部分地区，都被淹没。数百万人丧失了性命，许多村镇被毁。这些定期性的洪水，是黄河流域人民的灾难，而这些洪水源于一个奇怪的事实。黄河每年带来百万吨的黄沙，导致河床升高。在一些地方，河床比周围村庄的地面高出 60 英尺。中国人不断地修建河堤，但是迟早有一天，黄河会冲垮河堤，淹没周围的村庄，开辟一条新的河道。有时，新河道离老河道有几百公里远。几年以后，这样的事再重复一次。我刚到北京不久，李鸿章总督就被派去调查洪灾发生的原因；并就阻止将来的洪灾做一谋划。德国也派工程师去调查此事，北京商团中的一家英国公司，也派工程师去勘测黄河水情。我很荣幸，向联合商会呈报这个问题的重要性，尽管现在的一些情况表明，黄河不可能会成为航道，但是，它可能以后会好。

　　我咨询过一些工程师，也咨询过那些走过部分河段的人。就他们所讲的情况来看，我认为黄河不适宜航运。济南以上，一段250公里长的河道，有大量船只，运输繁忙，但是，吃水仅18英寸的船只却经常搁浅。然而，只要小心驾驶，吃水3英尺的船只，能在浅水中从运河交叉口航行到巩县；从运河交叉口往下到泺口，济南的一个码头，大船可以航行。据说，这里的水很浅，水深在7英尺到14英尺之间。从泺口往下到沙滩，吃水8英尺的船能行驶。沙滩在水位高的时候，吃水8英尺的船也能通行。无规律的洪水，不断变动的河道，湍急的河流（河水一公里内的落差有13.5英寸），再加上沙滩的水位又低，致使欧洲的轮船在现在的条件下，不可能在黄河附近地区做生意。黄河穿过的冲积平原，是中国最好的农田。其实，可以做一些事情以改善黄河的情况。成本肯定很高，但是，当我们在多瑙河、密西西比河和伊洛瓦底江，花费大量的时间和资金却能获得巨额回报时，就不应该放弃对黄河的治理，尤其是要防止洪灾，它不但经常发生，而且引起的后果很糟。

黄浦江

黄浦江是长江的一个支流，它之所以重要，是因为江上有首要的开放口岸——上海。吴淞口上的沙滩，是这条江上的一大障碍。1897 年，上海的进出口货运总额是 8000000 吨。现在最紧迫的事，是改善江上的沙滩。大轮船承载的乘客和货物，不能直接到达上海，不得不转到汽艇和拖运船上，沿江航行 15 公里，才能到上海。有人建议，在淤泥中挖一条河道，尽管河道带动的淤泥会沉积到另一边，沙滩可能会扩展得比现在更远，但是河流能继续向前流动。

上海商会由多个国家的会员共同组成。商会表示，现在有些事情急需去做。商会的观点很公正：外国船只所缴纳的各种费用，足够用来改善和维护水道。作为一种补救措施，商人们要求与中方一起建立一个维修委员会，共同来改善和维护河道。

北河

北河位于中国本土的最北端。在北河边上，有一个重要的开放口岸——天津。口岸每年的货运总额是 1300000 吨。政府曾投入巨资，改善北河，但做得不成功。

这里的困难更多。河水漫过堤岸，所带泥沙沉淀下来形成了沙滩。几年前，一位法国工程师试图治理洪水，修建了一个河道用于排水。但是，不幸的事发生了。洪水来到时，水闸的位置低于水位。结果就是，那些清澈的河水从水闸上方流过；带有泥沙的洪水，在流向大海的过程中把泥沙又沉积在了沙滩上。洪水暴发，清理不了河中的泥沙。

一位英国工程师做过估算，挖深河道要花费 250000 两白银。英国和其他外国商人决定自己来做这件事。这也激励了直隶总督，决定出资 100000 两，不过有个条件，就是剩下的 150000 两，得由外国商团来出。

天津外事委员会与汇丰银行协商，以发行债券的形式，筹集了 6% 的资金。为了在十二年内还清利息和本金，经政府同意，委员会将要对码头上的货物收费。我希望这些投资能永久地改善河道状况。如果做不到，那么建议中国政府，把位于河口的塘沽变成通商口岸。

辽河

辽河源于东北北部，有段河流经过牛庄。牛庄是一个重要的港口，中国人一般都称它为营口。我考察这里的时候，接近冬季，所以河里船只正在增多。这里的温度变化很快，由于河水结冰，港口有时整天关闭。我看到河里停泊了 20 艘轮船，200 艘帆船。我曾经乘坐过的伊桑号轮船，正从搁浅的沙滩驶出。有一艘轮船很不幸，只能等到下一次涨潮才能从沙滩中驶出。

在港口上面，河流有一处非常奇怪的弯道。英国租界在弯道的右岸，河水冲刷河岸，带走的泥沙却沉积在左岸。英国和日本两国的新租界，就在新沉积的土地上。俄国的租界比河面高出许多，正在弯道的最前端。

汉江

汉江是长江的一个支流，在汉口注入长江。最大的中国帆船一年中有十个月可以通行到老河口。汉江上没有通商口岸，因此，在这里看不到从事货运的轮船。一、二月份，汉江水位很低，不到 5 英尺。江边有两个重要的集镇，老河口和襄阳。老河口面积很大。襄阳与汉口之间，可以用电报通信。汉口和襄阳之间，有巨大的浪潮，浪高在 4 英尺到 12 英尺之间，以前，造成过巨大的生命财产损失。浪潮在三月中旬到六月中旬活动，汉口和襄阳相距 160 公里，12 英尺的高的浪潮，从汉口到襄阳需要 8 小时；4 英尺高的浪潮，需要的时间更长。现在襄阳设立了电报局，帆船能接到电报，可以躲避浪潮。

由于时间不够，我只能乘一艘汽艇，在汉江上走一小段距离。

在中国，有许多小河流充满淤泥，致使一些曾经重要的城市失去了水道，也失去了往日的风采。例如，汉广城，以前是重要的产棉区，但是，现在水路不畅，棉花运不出去，棉农只有减产。黄陂的情况与此类似。所有河道中的淤泥其实很少，使用与默西河上相类似的疏浚设备就可以把河道清理好。这里的淤泥一直在流动，所以要使用一种特别的疏浚船。过去，在泰晤士河上，曾经使用过类似的设备。小型的疏浚船对中国的河流非常适用。许多河流经过黄金产地。我听说，在长江和辽河这两条河的上游发现了金矿。流进洞庭湖的沅江，河水携带有大量的金砂，采矿者应该多关注这条河流。

洞庭湖和湘江

说到中国的水路，就不能不提及洞庭湖和湘江。尽管我没亲自实地考察，但我听说，洞庭湖的水越来越少。洞庭湖是长江和湘江的连接之处；长江流过洞庭湖，湘江从南边流入湖中；这种位置优势，使它成为了重要的水道。位于湖口的岳州，最近也成了通商口岸。

湘江从长沙南部流过。长沙是湖南省一个重要的城市。我热切期盼这座城市能对外通商。从长沙到湘潭这一段，湘江水面有半英里宽。湘江贯穿过的湖南省，是中国抵制洋人最厉害的地区，可能是外国人最不了解的地方。据说，此地的开发价值很大。大家都认为，这里矿藏资源丰富。如果中国政府能开放湘江和洞庭湖，执行新的内地航行章程，外国人在这里的贸易，会快速增长。

鄱阳湖

对镇江和长江上的通商口岸来说，鄱阳湖很重要。通过鄱阳湖，这些城市可以直接通航。自实施新的航运规则以来，镇江已有六艘英国汽艇，将来，这里的贸易会更兴盛。

陆路

据说中国的陆路有 20000 多公里，几乎都是在前朝统治时期修成。30 年前，我到过北京。此次重访，我发现，这里的道路没有变化。只是路上的脏东西和臭味，三十倍于以前；路况也恶化了三十年。在我到达北京几周前，在各国使馆对面的大路上，有一头骡子淹死在路中间的洞中。中国的道路体系很好，就是路况太差。这就需要修缮道路，便利交通旅行。旅行和贸易需要良好的路况。在我提出的结论性改革建议中，包括成立水路陆路管理局。陆路应归水路管理委员会管理。在埃及，水利官员负责道路的修建和保养，就做得很成功。

政府划拨了很多资金，用于修补和维护北京的道路，但是，只有官员们知道这些钱到哪里去了。一个薪金很高的官员，领了一大笔钱亮化北京的道路。据我所知，他却只支出了六盏灯的费用，而且我也不能确定这些灯在哪里。

第二十五章

英国驻华领事

英国驻华领事，一般都工作勤勉，致力于保护本国公民利益。但是，在整个中国，英国商人却对领事们强烈不满，这种情绪使我感到震惊。以我浅见，商人们的批评太严厉。但是，公平地讲，一些问题与其说是领事们的责任，不如说是我们的制度出了问题。然而，领事们像其他公职官员一样，当事情变得糟糕以后，他们习惯于接受所有指责；当事情变好以后，只是他们的政府赢得了信任。领事们将会理解，我所引用的一些事例，不是为了责备个别人，而是为了说明我们现在的体制，有些地方可能需要改进。

　　商人们的抱怨，有以下几点：

1. 领事们注重外交，不注重商贸。

2. 在目前的制度下，除了个别人，其他领事都不懂商务。

3. 其他国家的领事，为他们的公民做得更多。特别是他们通过向中国官员推荐商人，以促进贸易发展。

4. 与其他国家相比，在子口单和其他贸易事务中，英国公民得到的优惠少；在各种费用方面，英国公民向政府交的多。

尽管我们应该理解领事们的工作难度，但是，他们不能忘记，在商贸利益方面，商人们有权要求领事做任何事情。我将商人们的抱怨告诉了领事团，也告诉了中国海关总税务司的官员们。他们自然会做很多事情，并且我也一定会说：领事们认为现在的制度有缺陷；海关官员也赞同商人们的观点。

商人们的第一条意见——领事们注重外交，不重视商业，这是真实情况，不过很容易解释清楚。像中国这样一些国家，他们承认外国人有治外法权。换句话说，本地政府不能审判和惩罚外国公民，他们只能由外国官员来处理。结果就是，英国驻华领事，不仅是保护英国贸易的政府代表；也是外交使团的成员；在属地的政治事务中，也是英国政府的代表。在欧洲港口，一个普通的领事，仅仅是一名贸易代理，但是在中国，他扮演的角色就比较多。一位驻华领事，他所负责的地方，面积可能比法国或者德国还要大；而且，像欧洲居民和其他国家居民的语言差别一样，属地居民在语言上差别也很大。

驻华领事的职责还很多。他还得审理各种民事和刑事案件；尽管他没有任何便利条件，但是还得了解一些英国和中国的法律。他也要对英国侨民进行普遍监督；在处理侨民事务方面，他的权力还很大。对于辖区范围内的英国公民，他每年必须调查登记一次。他要记录公民们所有的土地交易情况；公民们的婚姻，经他办理才是合法婚姻。

在现在的制度下，领事团不可能只专注于商业，而不顾外交。结果就是，商业方面必然有顾及不到的地方。因此，商人们有理由抱怨。

设立商务专员

我向联合商会推荐了一些补救措施：在中国设立商务专员，往中国派遣一个情报部，再派遣一些助理审判员、警务司法官等相关人员，分担领事的部分工作。派遣的审判员和司法官等人员，应该受过法律培训。领事们没有接受过法律培训，而他们能处理那些法律事务，是因为他们是精力充沛，才华横溢的人，在家休假的时候自费学习法律。

中国协会和英国商人们，一直希望在中国设立商务专员。中国可能比其他国家更需要这样的专员。有人可能会说，英国早已指派了商务专员，但是，所谓的指派只是一个闹剧。

商人们的要求是这样的：创设一个独特的官职，派一个合格的人来任职。此人要精通商务，地位和能力能受到中国官员的尊敬；中国官员能快速办理和考虑他交代的事务。

为了满足这个愿望，曾经从我们优秀的驻中国领事中指派过一位，但是，提供的薪金和补贴，要比他现在的少得多。很自然，他拒绝了这个慷慨的职位。这事做得更荒唐的是：把商务专员的头衔给了上海总领事，每年支付薪金100英镑。对于已经超负荷工作的总领事来说，这是一个不可能完成的任务；他每年凭空多得了 100 英镑的薪水。关于指派专员，商人们有特别的想法，他们不希望从领事中指派专员，除非这个领事有较高的地位，能受到他们的信任，这样的领事在中国还有几个。他们希望，领事能精通商务。

商人们的第二条意见——除个别领事外，其他的都不懂商务，也是真实情况。然而，这种缺陷依然是制度的问题，与个人无关。对此，我有不同的看法。领事团是通过举行公开竞争的考试，选出来一些少年。像这样的考试，每年举行两次。然后，这些年轻人被直接送到中国，到北京花两年时间，闭门学习中国官方语言。此后，他们被直接派往中国一个小港口，作为领事的助手，任职三年，做一些派遣类的工作。通常的情况是，他们在任职副领事之前，没有获得任何知识和经验，和英国商人们也没有交往。这样的后果就是：制度把他们变成了狭隘的人，他们更同情中国人。如果不是这种情况，那么一定是部分人自己拥有超强的能力和精力。

补救的措施是：这些年轻人先在北京学习两年，在港口锻炼一年，然后回到国内再学习两年。他们到国内要学习法律；还要广泛地学习为人处事的经验，这比在中国小港口学到的多。

第三条意见——也就是，相比较而言，对各自国家商人的帮助，英国领事提供的少，其他国家的驻华领事提供的多。这种观点，似乎有点儿事实依据。但是，那些领事举了一个极好的例子作为回应。他们说："在中国的外贸生意中，英国所占的比例是64%。并且，英国现在的制度，允许商人自由发展贸易，这种制度，比政府指导下的贸易制度要好。这种制度在中国运转得很好，中国人也承认，我们从来没有为了本国公民的利益，像其他国家的领事们那样经常欺负他们。"

双方都有很多话要说。但是，现在到了这样一个时候，英国政府该考虑一下，那种不干涉政策是否应该被修改。到目前为止，是通过私人企业的努力，英国才在经济上处于优势，因此，现在的制度是一个成功的制度。然而，环境发生了变化，政策也应该有相应的变化。英国商人有能力处理好一些小事，不需要政府为此费心。但是，现在市场上竞争激烈，商人们需要的是机会均等。

在争取特权和开矿权等事情上，在政府招标，或者推荐产品方面，特别需要满足中国官员或相关部门的要求，但是，无论商人们如何努力，也没有资格参与其中。英国商人抱怨，英国领事拒绝为他们提供推荐机会和其他便利；而其他国家的领事，却能为本国公民做到这些。

商人的抱怨，有事例为证，这些事都发生在1898年。

一名英国采矿工程师想让领事推荐一下在中国政府内得到一个测量员的职位，去中国西部勘探矿源。他认为，除了个人能从中获利以外，对任何参与其中的国家都有利，因为他们需要熟悉中国的矿藏资源。他也能在矿藏开发和选择工程师方面有发言权，也能建议从哪里购买机器。领事断然拒绝了他的申请。领事的理由是：如果他给中国官员写了一封信而遭到拒绝，这不但对大英帝国是一种差辱，而且会给领事带来许多麻烦。

又有一例。一位英国人请英国领事给一位中国高官写一封推荐信，想谋一个职位。英国领事草草应付。这位英国人深受一位美国领事青睐，他就请美国领事给那位高官写一封推荐信。那位高官立即就收到了一封热情洋溢的推荐信，随即给了英国人一个面试机会。在面试中，高官询问："你是一个英国人，为什么要美国人给你写推荐信，而不是你自己的领事?"这位高官也表示，如果是英国领事的推荐信，那位英国人就不会被雇佣。

还有一例。一位英国领事拒绝向一个兵工厂写推荐信。他对申请者说，如果是私事，他会竭尽全力，但如果是公事，他无能为力。

抛开这些案例中的意见，我认为，联合商会也该好好考虑与领事相关的问题了。在其他章节中，我也谈到了商人们的抱怨，特别是在"镇江"那一章。镇江在三年内换了十二位领事。

关于最后一条意见，与收费有关，情况是这样的：商人们缴纳的各项费用太高；虽说开一张子口单，只需向领事交2.5元，但是也特别令人厌烦，因为许多美国领事是免费开单。一个英国大商行，每年所用子口单在1000到1500张之间，美国的竞争对手，也需要同样多的子口单。这就意味着，英国的公司，为了成为有特权的英国商人，每年不得不多花费3000到4000英镑。

现在的收费情况是这样：日本收2元；法国收2.4元，俄国收1.5元，美国免费；德国经常免费。

英国的子口单费，最近减少到了2.5元，过去一直是4.5元。这就迫切需要联合商会来处理这个问题，以保证商人的贸易机会均等。我们应该努力做些工作，与其他各国沟通，制定一个统一的收费标准。这种差别虽然小，但是累计起来，等于一个公司的租金。

香港的华裔在一封信中对领事制度抱怨得最厉害。

从中国的情况来看，英国的领事团还有很大的进步空间。他们缺少经验或专业训练，而这些是做好工作的必要条件。现在的退休制度、繁重的工作任务、超负荷的工作和低廉的薪水，使他们疲惫不堪。在任职的最后几年，他们都是身心俱疲。

补救措施是：增加人手，提高待遇，提前退休。他们的薪水应该很好，其余的待遇也要提高。服务期满二十五年以后，他们应该每年得到500英镑的退休金。为了节省改进的成本，可以在小港口雇佣副领事，不用正职领事。

现在，湖南长沙和东北的吉林还没有英国领事，商人们急切盼望政府能向这些地方派驻领事。

第二十六章

财政和货币

中国的财政和货币，是一个复杂的问题，我很难处理。为了完成我的使命，我咨询了很多专家，才形成了这篇报告。在此，我对各位专家表示感谢。感谢中国和英国各个港口的银行经理。特别感谢香港汇丰银行的总经理杰克逊先生，和上海分行的艾迪斯先生，他们给伦敦商会的信件，我全部引用了。

中国的财务和货币问题，不仅对我是一个难题，对普通大众也是一个难题。认识到这一点，我为联合商会收集了许多中国各省流通的货币；也希望能把这些货币放到公共场所，以便于感兴趣的人前去观看。这些货币在市场中展示了它们的有效性和多样性；也给贸易带来了困难——不同货币之间的交换价格一直在波动。我把这些货币列举如下：

银锭

省份	城市	白银（两）	价值		
			英镑	先令	便士
湖南	长沙	5		15	10
山西	太原	5		14	6
湖北	汉口	4		13	5
直隶	天津	10	1	9	5
云南	大理	1		4	10.5
四川	成都	10	1	8	1
浙江	杭州	5		14	6
山东	烟台	10	1	9	8
奉天（东北）	牛庄	56	7	13	2
江西	九江	7	1	1	6
江苏	苏州	55	7	9	6
上海		53	7	5	5

每两白银兑换小钱的数目，各地不等：

四川中部 1150 文，重庆 1080 文，芜湖 1320 文，山东 1210 文，上海 1170 文；北京官银，每两能兑大钱 550 文。

辅币

江南造币厂、广东、福建、湖北、安徽这几处地方铸造的硬币，十分的价值约 2.5 便士，二十分的价值约 5 便士。

中国银圆

天津兵工厂、江南兵工厂、广东省、安徽省和湖北省，这几个地方铸造的银圆，价值 2 先令又 8.5 便士。

除此之外，其他国家的一些银圆也在中国流通：墨西哥银圆，西班牙卡洛斯银圆，日本银圆，法国在印度铸造的中国银圆，英国银圆。

中国缺少军事组织，这事与国家的财政疲弱有很大关系。糟糕的治安，意味着高利率，或者贷款资金的减少。中国的信誉现在很差。中国唯一可靠的财产——中国海关，已经交于他人。目前，中国既不能为进一步贷款提供良好的安全保证，也没有税收资源可用来偿还债务。

我所会见过的几位总督，他们也曾说过：划拨给各省政府的资金，都用来偿还外债了。人们逐渐担心，政府是否会增加税收，补贴政府的开支。

不具有专业金融知识的普通人，看一眼也会明白，中国现在的财政管理已经彻底腐烂了。中国现在的财政，处于极度困难时期，不是因为她的资产少，而是因为她的税收被浪费掉了。并且管理不善，她的资金来源没有开发出来，或者被浪费了。与其说中国的税收过高，不如说她的税收太乱，这就需要整顿她的财政体系。整顿后的财政，能保证中国拥有优秀的军队和警察，那么，国家的信誉会提高，西方人也乐意向中国投资。

中国现在的税收，总额为白银 85000000 两，但这只占征收总数的五分之一。换句话说，征税体系非常腐败，80%的税款都被侵吞了。通过合适的监督管理，中国的税收会大幅增长，人们交的税款确实会减少。

优秀的税收管理能产生极好的效果，埃及是一个极佳的例子。如果中国能在欧洲各国的帮助下，改革现在的税收体系，她的地位绝对能超过埃及。中国资源丰富，如果能制止现在的腐败和浪费，她的财政状况肯定会变得很好。

中国现在的债务在 50000000 到 60000000 英镑之间，都是以关税做抵押。中国的借款有如下几项：

1.1894 年向英国借白银 10000000 两，利息是 7%，20 年还清。

2.1895 年向英国借 3000000 英镑黄金，利息是 6%，20 年还清。

3.1895 年向俄国和法国借 16000000 英镑黄金，利息是4%，36 年还清。

4.1896 年向英国和德国借 16000000 英镑黄金，利息是5%，36 年还清。

5.1898 年向英国和德国借 16000000 英镑黄金，利息是4.5%，45 年还清。

除此之外，中国还有两笔贷款，每笔都是 1000000 英镑，以其他税收为抵押。但是，有一个规定，如果其他税收不够，则从关税中出资偿还。还有一两笔小额贷款，但是至今也没有还清。以上所列举的五项贷款，前四项以中国海关的税收为抵押，最后一项以七个厘金局的税收为抵押。必须再补充一点，最后一项贷款是以厘金局的关税为保证，这说明了一个事实，中国已没有关税可以用来抵押贷款了。

此外，最近几年，中国为了修建铁路，又由政府担保，为卢汉铁路借款4000000英镑，为牛庄铁路借款2300000英镑。按照最惠国待遇条款，中国以后的铁路，将不得不由外国人投资。就中国目前的财政状况来看，这些政府担保，肯定会极大地妨碍中国的发展。

因为中国的自然资源非常丰富，所以改革很容易实现。现在的制度，对可靠的财政来说，是一个致命的破坏。无论哪个级别的地方官员，薪水都低得可怜。他们为了谋取官位，经常会向银行或朋友借一笔"佣金"。结果就是，官员会在他的任期内尽力捞钱，以偿还"佣金"。除此之外，他们还希望能有一笔钱，以支付维持官位所需的各种花销；他们还要再攒一大笔钱，供退休以后使用。事实上，除非他们被贬职，上述愿望一般都能实现。这就很容易理解，为什么征收上来的税款，在到达北京之前会少了那么多。中国在财政改革方面，必须先做一件事，就是要建立账目公开和合理的薪金制度。中国有足够的资金去做所有事情，包括提供有效的军队和警察。但是，如果她能改革现在的财政制度，消除贪腐，她一定能从外面获得帮助。矿产权是中国的一个税收资源，但是现在还未开发。中国所有矿产急需开发。

在中国，以税收抵押贷款的日子已经过去了，抵押更多的税收，只能使自己的财政雪上加霜。中国要想获得贷款，需要有能获利的产业，还要有合适的条件。这些条件，一方面能为投资者提供保障，另一方面能使中国有能力偿还贷款，同时，这些产业的利润，还要能为政府的开支提供保证。借款的问题，涉及铁路和开矿的特权。人们真的知道这两者的总量是多少吗？他们仅仅把钱给了企业的创办人，或者为中国或放贷者工作吗？特许权看起来很好，能真正落到实处吗？即使能落到实处，但是人们能立即从中获利吗？公众在这些事上，不能不谨慎。如果他们希望避免损失，可以去咨询中国境内声誉较好的相关商行，投资的区域在哪里，它的面积有多大，当地居民赞成不赞成，怎样才能使官员支持商行的计划，在当地遇到了那些困难，采用了那种运输方式，还有哪些新需求需要满足。所有这些都需要人们去关注。

派遣一位外国财政顾问指导国家税款的管理和征收，货币的改革，设立一个政府银行，以汇款征税的方式取代现在老旧、浪费的征税体制，那么，在合适的管理下，人们一分钱也不用多交，中国的税款会是现在的四倍。英国有超强的贸易优势，雄厚的经济实力，还有在其他地方成功的改革经验，使她有能力为中国财政改革提供帮助。必须设立一个合适的财政部门，像中国海关总署一样，由英国人负责，职员来自各个国家。像在其他地方一样，这个部门也施行门户开放政策。

对中国财政影响更深的是势力范围政策。瓜分中国，投资者必受损失，抵押物也没有了保证。这里有一个例子。英德两国的贷款起初以台湾为担保，但是现在台湾已不属于中国了。

如果在中国实施势力范围政策，中国政府必定会垮台，那么，谁来偿还贷款、他们的投资用什么来保证？一个分裂的中国，怎样担保用于铁路的贷款？即使瓜分中国的列强能友善地处理这个问题，中国还会发生严重的动荡，势必严重干扰贸易，减少关税，这样的情况，能为那些投资提供安全保证吗？

中国没有足够的能力提供安全保障，社会肯定会动荡不安，外国列强肯定加以干涉，分区而治。如何解决这个问题，我在报告中一再谈道，那就是——中国必须重组一支军队。离开这些，中国肯定不能提供安全保证，也没有公众信誉，因此，中国必须提供足够的军事保障。中国现在的形势，已经动摇了外国人对她的信任，也给投资者造成了损失。给中国贷款的股票每下降1%，意味着外国投资者就损失了五十万先令。

最近，英德两国的借款，一直在波动。每股的价格，1898年3月是90英镑，同年10月是85.25英镑；自我到中国后，到1899年4月，稳定在85英镑。

1896年的借款，利息是5%，在我考察期间，它的股票价格从98.75英镑降到了97.25英镑；1899年4月，稳定在99英镑。我把其他贷款股票的价格，以1899年4月为限，列举如下：

年份	借款金额	利率（%）	股票发行地	原价（英镑）	现价（英镑）
1894	10000000 两白银	7	伦敦	98	105
1895	3000000 英镑黄金	6	伦敦	96.5	106
1895	1000000 英镑黄金	6	伦敦	106	109
1895	1000000 英镑黄金	6	柏林	104.5	106
1895	15820000 英镑黄金	4	巴黎	99	103.5

中国货币的流通杂乱无序，就像她的财政一样没有振兴的

希望。中国通行的货币标准是银两，但它不是一块硬币，而是一块银子的重量，一两重约 1 盎司。这个标准在不同的地区还不一样。商业标准是关平银，1897 年，每两关平银的价值是：

英国 2 先令又 11.75 便士；美国 0.72 银圆；法国 3.73 法郎；德国 3.03 马克；印度 2.34 卢比；墨西哥 1.5 元。

这些银价，分别源自伦敦、纽约、巴黎、柏林、加尔各答和香港的交易所。两的称重工具有很多，最常见的是：北京户部用库称，上海用关称，汉口用湘称。据说，汉口银子每两比上海的多 3%。这三种银两中，最重的比最轻的要多出 10%。我认为，这个"两"不仅不是一个硬币，而且在日常使用中，也没有称重恰好是一两的银子。中国使用的银币是银圆，种类多达九种，其中五种是中国自己铸造。现在最流行的、价值最高的银圆，是墨西哥铸造的银圆。中国还流通一些外国银圆：日本银圆，西班牙银圆，法国在越南铸造的银圆。

但是，墨西哥银圆最流行。中国的银圆在以下这些地方铸造：

1. 天津兵工厂

2. 广东省

3. 江南造币厂

4. 湖北省

5. 安徽省

辅币有四种，面值为 5 分、10 分、20 分和 50 分，它们的铸造地是：

1. 广东省

2. 江南造币厂

3. 福建省

4. 湖北省

5. 安徽省

然而，中国人最常用货币是铜钱，一元银圆能兑换1000个铜钱。铜钱和白银之间的联系非常重要，为了对这个问题做最好的解释，我列举三个问题。这些问题，来自伦敦商会给香港汇丰银行的通信，以及上海分行艾迪斯先生的回信。问题如下：

"问题一：是否因为关闭了印度造币厂，致使中国铸造的铜钱的价格上涨了？或者说，是否在那之后，中国铜钱的价格上涨了？"

"这个问题，很难回答。用我们的话来说，铸造钱币在中国不是一件公开的事。政府机构购买黄铜，混合其他成分铸成铜钱；然后用这些钱给士兵和官员发工资，最后，这些铜钱就流通到市场里了。因此，不能以发行价的高低来评价这些铜钱，因为，当铜钱的重量和成色有固定标准时，它和白银的比率也不固定。"

"铜钱和白银之间的兑换比值，取决于市场上铜钱的流通量。"

"然而，人们会问一个问题，印度造币厂的关闭，是否导致中国铸造的货币在重量和成色方面有所降低？答案是：这样的事没有发生。标准是怎样被维持下来，可以从一份补充资料得出结论。这份资料来自斯托尔曼博士——北京大学的化学教授，他用图表的形式，分析了通宝和元宝造币厂在当代发行的铜钱的成分。"

"现在，一两白银购买的黄铜，可以铸造 388 枚北京大铜钱，或者是 7.8 吊铜钱（1 吊等于 50 枚大铜钱或 1000 枚小铜钱）。北京的士兵和官员领取薪水，还是按照以前的兑换比率——1 两白银兑 14 吊铜钱。虽然铸造铜钱的范围很小，不过户部一直在承担这份损失。最近，有人向皇帝请愿，要求减少铜钱的重量，遭到了皇太后的反对，她担心激起士兵们的不满。"

"至于各省，有证据表明，过去五年来，各地已经完全停止铸造铜钱了。他们铸造一种小银币取代铜钱。1897 年，天津、武昌、福州和广州，这几个地方铸造小银币的数量是：

面值 50 分 214796 枚；面值 20 分 31852571 枚，面值 10 分 17892931 枚；面值 5 分 66921 枚。"

"按 920 枚铜钱兑 1 银圆来算，这些小银币总共可以兑换 7608907242 枚铜钱，合计 8000000 多银圆。"

"第二个问题——铜钱的价格增长了多少？波动幅度有多大？"

"自从印度造币厂关闭以后，与白银相比较，铜钱价格的涨幅，各地不等。一般说来，铜钱的价格涨了 25%，如下所示。

自 1892 年以来，每一银圆所能兑换铜钱的数量，一直在下降。

温州——从 1140 到 950 枚

上海——从 1050 到 920 枚

登州——从 1075 到 925 枚

自 1892 年以后，每一两白银所能兑换铜钱的数量，一直在下降。

四川中部——从 1600 到 1150 枚

重庆——从 1700 到 1080 枚

芜湖——从 1600 到 1320 枚

山东——1450 到 1210 枚

上面所列数字，变化很多，部分原因是流通市场中有假币，部分原因是各地银两的重量不等。"

"下面的图表，说明了北京地区大铜钱（1 吊 = 50 枚大铜钱）的价格的逐年变化：

从 1892 年到 1898 年，每两库银可兑换大铜钱的数量

1892 年——14.2 吊 = 710 枚

1893 年——14 吊 = 700 枚

1894 年——13.5 吊 = 675 枚

1895 年——13.6 吊 = 680 枚

1896 年——12.8 吊 = 640 枚

1897 年——12 吊 = 600 枚

1898 年——11.5 吊 = 550 枚

从 1892 年都 1898 年，在上海每两白银可兑换钱币数量

年份	白银（两）	铜钱（枚）	小银币（枚）
1892	1	1400	1050
1893	1	1370	1030
1894	1	1300	970
1895	1	1270	950
1896	1	1210	880
1897	1	1170	910
1898	1	1170	920

从上表可以看出，在市场中可能流通了很多假铜钱；按铜钱与白银的比值来算，市场中铜钱的价格，远远低于它的实际价值。就像前面讲过的情况那样，一两白银所能购买的黄铜，只能铸造 388 枚北京大铜钱，然而，在开放的市场上，一两白银可以购买 550 枚。这就是白银比值上涨 25% 的原因所在。"

"原因在于：首先，过去五六年间，许多地方不再铸造铜钱了，致使铜钱短缺；第二，铜制用品，被非法融化，用来制造大量假币；第三，人口增长，而铜钱流通量没有增长，导致铜钱短缺。"

"第三个问题——粮食价格和工资，是否随着铜钱价格的上涨而降低？"

"铜钱对白银的比值一直在上涨，我们自然希望看到，铜钱对粮食和工资的比值，也能有类似的上涨。换句话说，我们期望看到日用品价格的降低。然而，当同样数量的铜钱，能比以前购买更多的白银时，它能购买的日用品反而少了。铜钱的购买力，在白银方面增加了，在日常用品方面减少了。下面的

表格，通过中国两种主食的价格变化，反映了这种波动。"

北京面粉（本地生产）的平均价格

年份	重量（磅）	白银（两）	大铜钱（枚）
1892	133 $\frac{1}{3}$	2.4	1704
1893	133 $\frac{1}{3}$	2.6	1820
1894	133 $\frac{1}{3}$	2.7	1822
1895	133 $\frac{1}{3}$	3	2040
1896	133 $\frac{1}{3}$	3	1920
1897	133 $\frac{1}{3}$	3.4	1040
1898	133 $\frac{1}{3}$	4.2	2310

上海大米的平均价格

年份	重量（磅）	银圆（圆）	铜钱（枚）
1892	213 $\frac{1}{3}$	3.37	3538
1893	213 $\frac{1}{3}$	3.41	3512
1894	213 $\frac{1}{3}$	3.52	3414
1895	213 $\frac{1}{3}$	3.65	3467
1896	213 $\frac{1}{3}$	4.76	4189
1897	213 $\frac{1}{3}$	5.18	4714
1898	213 $\frac{1}{3}$	6.33	5823

"上面的数字，尽管只是选取了两个城市的数字，但是，它可以代表一个趋势。格罗夫纳先生在《1896年中国贸易报告》中讲，整个中国的物价在上涨。现在看来，他的结论很正确。"

"剩下来的问题，我们怎样来解释一个矛盾——随着铜钱价值的提升，物价也在上涨——为什么铜钱越值钱，而购买力越差？"

"去年，英国皇家亚洲协会已经就这个问题，以及与此相似的问题，致信它在中国各地的成员，征询他们的意见。协会收到了 13 份来自中国各地的回复。其中有泰勒先生的一份报告，泰勒是中国海关总司统计科的秘书，他对这些问题做了详尽的解释，下面是报告的摘要：

'中国的人口大幅增长，对各种产品的需求也随之增加；然而，白银兑黄金比值下降，刺激了白银的出口，因此就缩减了国内白银的流通量。流通领域内大量的假币，促使物价上涨。一些地方农作物歉收，一些地方大量种植鸦片，这是粮食价格上涨的主要原因。据说，许多山东农民移民到了西西伯利亚，导致当地农村劳动力成本上升；四川人对粮食歉收、鸦片种植和粮食出口有怨言。我们从福州获悉，由于茶叶贸易衰落，税收繁重，福建省比以前更穷了。一些人对这种晦涩而复杂的现象的解释，非常有意义，但是他们没有找到问题的症结所在。铜钱的价值对白银的比值在增长，而对日用品却在贬值，对这一问题，唯一真实的逻辑推测，是泰勒先生的意见：作为一种商品，白银比铜钱贬值得更厉害，这导致了铜钱购买力的下降。'

"这里仍有一个问题，需要再谈论一下——什么东西降低了中国白银的价格。"

"总之，很抱歉，上面所提供的信息不能回答这个问题。

这里引用的数据，并没有完全接近事情的真相。在像中国这样的国家里，没有任何官方的统计数字，对于这些少量的信息，必须考虑一下它们的价值。希望这些数字，在作为比较手段方面有些价值。"

斯托尔曼博士在关于中国铜钱的报告中，提到的北京的铜板，艾迪斯先生也讲到了：

"最近几年，不仅是白银相比于黄金的价格在持续下降，而且与此同时，白银与铜币相比，在某种程度上也在贬值。换句话说，一个人今天拿一两白银，所能兑换的铜钱，要比几年前少。例如，按兑换比例来说，北京一两白银，在1893年能兑换13.5到14吊铜钱，此后逐渐减少到10吊。尽管如此，铜钱的价值反而一直保持稳定，以至于一吊钱能买到的粮食等产品的数量，比以前要多。因此，在一定程度上，白银将来还要贬值。如果没有意外事件发生，从下面图表对各地钱币的分析比较中，可以看出白银的价值。我预先说明一下，图表中的第一栏和第二栏，说的是北京的大铜钱，还有光绪年间铸造的铜钱。这些铜钱上面，刻有文字——'通宝'或'元宝'。无论它们来自这里的哪一个造币厂，这些铜钱在北京市场上的流通量都很大。图表中的第三栏和第四栏，说明那种叫作小钱的成分，它们是在同一个时期制成的钱币，而且它是这个地区唯一的一种小钱。这种小钱，在以前的北京非常流行。"

"然而，这些钱的重量和成色，一般来说，几乎完全相同。最后，图表的第五栏，分析的是乾隆时期的铜钱。之所以做这个分析，是因为中国人普遍认为，这个时期的铜钱中含有许多黄金。就我所分析的这些铜钱来说，中国人的观点不正确，这可以从图表中看出来。我还增加了一些数据，以说明现在和那个时代铜钱的差异，到了何种程度。"

"很自然，每个分析都用到了许多钱币，这里引用的数字，是几次测试结果的平均值：

光绪	北京大钱		北京小钱		乾隆
	通宝	元宝	通宝	元宝	小钱
重量（克）	8.961	8.242	3.726	3.511	4.021
锡	1.20%	0.63%	1.09%	0.52%	3.11%
黄金①	印迹明显	有一点印迹	印迹不明显		
银	0.02%	0.02%	0.04%	0.03%	0.04%
铅	2.52%	4.17%	4.43%	2.38%	5.64%
铜	53.25%	51.93%	56.11%	56.85%	50.10%
锌	38.19%	38.91%	36.50%	39.40%	39.88%
铁	4.70%	4.14%	1.61%	0.66%	0.98%
沙子等其他物质	0.12%	0.20%	0.22%	0.15%	0.25%
总计	100.00%	100.00%	100.00%	100.00%	100.00%

从这个表格可以看出，两家造币厂的铜钱，在分量和成分上差别很小。如果我们取这两者的平均值，那么大铜钱50枚＝1吊，每枚重430.08克＝11.526库两（1库两或1两＝37.31256克＝575.82格令；铜的含量占52.59%，重6.062库两；锌的含量占38.55%，重4.443库两。如果我们按每担（1担＝1600两）铜钱中含铜28两，锌8.25两来计算，省略其他

---

① 无论如何，黄金含量每吨超不过0.25盎司。

成分——50 枚铜钱中含 0.1289 两。因此，1 两白银所能购买的铜和锌，只能铸造 388 个或者 7.8 吊大铜钱。然而，实际上像前面所讲，现在一两白银能兑换 10.5 吊，所以，尽管过去五年来白银的价格在下降，但它的价格，要比人们预期的要高。现在 1 两银子所能购买的铜钱，其中含有的铜和锌，政府要花费 1.354 两，何况还有铸造成本。与此相似，尽管不会令人吃惊：按上表中的数字来计算，每 100 枚小钱，可以兑换 0.115 两白银，结果就是，一两白银所购原料，仅能铸造 870 枚小钱。而现在 1000 两白银能购买价值 1150 两的铜和锌。就我所知，其他各地和北京一样，也出现了这种有意思的事情——与铜钱相比，白银的价格多多少少都有虚构的成分。这就导致：一方面，最近几年，白银对黄金快速贬值；另一方面，铜的价格稳步上升。不过在外国的金属交易市场上，这两种趋势表现得不明显。虽然最近几年，与铸造钱币相关的原材料，主要来自欧洲和日本。”

“因此，人们预期钱币兑换比率会有波动，但实际上这种波动非常有限，并且其他一些考虑也被排除，那是因为，生产钱币的成本决定了这些事情。白银价格下降，一两白银的购买力在 350—400 个大铜钱（7—8 吊），或 850—900 枚小钱之间。这个复杂的问题，还掺杂有其他因素，一个是前面提到的——大铜钱和小钱的兑换，另一个是——京津铁路导致的需求增长。”

对一般的货币和交易问题，我询问了两个问题，并得到了专家的回复。这个问题非常难，因此我对专家的看法也就不做评论。我问的问题是：

1. 能否以黄金为标准？

2. 兑换率的变化，怎样影响商品的价格？

我将专家们的回答简介如下：

1. 不能。因为中国存在贸易逆差，黄金不大可能留在中国。

2. 在进口的六种主要商品中，从 1890 年 1 月到 1898 年 10 月（我到达中国的日期），有五种商品的价格涨幅在 30% 到 40%，其余一种下降了 42%。一两白银，在 1890 年能兑 4 先令 6 便士，到 1898 年才能兑 2 先令 8 便士。这使中国商人成了收佣金的代理商，而不是真正的商人。

有人对这个问题很感兴趣，为了满足他们的愿望，我把一些回复的详细内容，附录在此：

"中国的货币主要有两种，一是白银，二是铜钱；前者有固定价值，后者与此相近。由于最近几年白银购买铜的能力下降，白银和铜钱之间的兑换比率，多多少少也有相应的调整。主要有两种情况导致了这种现象：

a. 铸造铜钱会导致亏损，所以，缩减了铸造铜钱的数量。

b. 一枚铜钱中所含的金属，比铜钱本身还贵。"

"一直以来，中国人习惯以白银作为价值参考标准，他们不会信任任何虚构的货币价值；由于黄金和白银的比值在不断波动，因此不可能构建一个以黄金为主币，以白银为辅币的非虚拟的货币体系。当这些辅币能在所有重要的交易中心,与黄金相兑换时,它们才能随着它们的内在价值,增值或贬值。"

就外国海关的统计数字来看,中国是贸易逆差。中国的出口贸易分为两类,一类是海路:货物从中国港口出口到朝鲜、日本、暹罗和海峡;一类是陆路,货物从中国出口到西藏、中亚和西伯利亚。没有数据表明,有多大的逆差等着这些贸易去弥补。中国最近的借款,又扩大了贸易逆差。因此,黄金不可能会留在国内。除非中国能把贸易逆差扭转过来,否则,黄金不可能会成为中国的货币。

"商品价格与汇率关系问题,自然地就可以用两个标题来说明:

a. 从金本位国家进口的商品

b. 中国自己生产的商品"

"进口商品的价格,必须符合金汇兑,这就给贸易带来了风险,原因很明显,在货物从国外运到国内之前的几个月内,汇率会有很大波动。下面一些数字,表明了金汇兑对进口商品价格的影响。"

白银	1890 年 1 月	1898 年 10 月	下降百分比
1 两	4 先令 6 便士	2 先令 8 便士	42%

商品	1890 年 1 月 价格（两）	1898 年 10 月 价格（两）	上涨百分比
灰色衬衫	1.73	2.24	30%
白色衬衫	2	2.65	32%
毛呢服装	10.20	14.2	40%

商品	1890 年 1 月价格（两）	1898 年 10 月价格（两）	上涨百分比
制钉盘条	2.80	3.60	30%
铅	4.80	7.10	48%

"当然，汇率不是影响价格的唯一因素。商品在国内的购买价格，是一个非常重要的因素，反过来说，这个价格取决于原材料的价格。例如，1890 年国内棉毛商品的主要成本价，比现在高出 20%。"

"至于说到汇率变化对贸易的整体影响。毫无疑问，汇率变化对外国商人的影响很大，商人们想尽力从贸易中把它消除，它可能会导致商业投机行为。据说，真正的商人在中国已经消失了，他们退化成了佣金代理商。原因在于，由于汇率的变化，真正的商人的生意变成了投机生意，以至于一些谨慎的商人，自然会努力去减小贸易的风险，他们找到一个第三方来规避汇率风险。结果，商人们的主业，就是在购买货物之前先去推销它们，至于是出口还是进口，由委托贸易来决定。然而，由于贸易总量持续增长，这种事就被看作是理所当然的了。就进口贸易而言，我们国内的工厂，从不关心我们做的是货物买卖，还是佣金代理。在中国，我们也很难看到对这种堕落的谴责。"

"另一点是这样：现在的生意，很大程度上是委托或订单贸易。我们供应中国确实需要的东西，不供应我们认为中国应该需要的东西。我们的工厂也遵守这个原则，他们接受订单，按照市场需要制造产品。这种考虑，对英国制造商缺少适应能力的状况有很大影响，至少，我们所采用的商业手段迫使他们用陈旧的理念，以满足我们目前的需要。"

"关于第二个问题——中国自己制造的商品。当前，随着白银的贬值，中国产品的价格必定随之上涨。对中国人来说，白银的贬值，与出口商品没什么关系。聪明的中国人，反而充分利用这一点，赚取更多的白银，因为外国人购买中国商品，需要比以前支付更多的白银。当然，中国商品价格的上涨，包括生活必需品、工资、生活成本，主要因为相比于铜钱，白银贬值了。现在的中国工人，无论是从事农业还是工业，工资都是现金；1890 年，1 两白银（1/3 盎司白银）能兑 1400 个铜钱，而现在只能买 1200 个。因此，随着白银的贬值，工资和物价也相应地上涨了。"

前面引述的观点中讲道：海关数据表明，中国现在是贸易逆差。这个观点完全正确。但是其他专家的一些观点——如果陆路贸易，黄金价格的波动计入贸易统计数字中，那么 1898 年中国就有 600 万两贸易余额。对此看法，专家们意见不一。

关于中国的财政和货币，我所能做的，也就是把这些观点汇集起来，呈报给联合商会，作为做决定的参考。然而，我相信，那些对的中国财政和货币问题感兴趣的人，看到这一章，会很高兴；我带到英国去的中国货币，对普通生意人来说，也是一堂有益的实物教学课。

毫无疑问，中国的财政和货币体系，还有很大改善空间。

货币妨碍了贸易，给每个人都带来了麻烦。例如，天津和北京相距不过80公里，流通的货币却不少于五种。再举个例子，火车票，北京到天津是1元40分，但是从天津到北京却是1元30分。如何改变这种状况，我为联合商会提出如下建议：

1. 设立一个财政局，由外国人主持，作为中国政府的财政顾问。

2. 建立公共财务和审计制度，改革国内的各种征税制度。

3. 建立一个政府银行，或者从现有的、设在中国的银行中选一个。

4. 设立一个国家铸币厂，统一钱币规制，所铸钱币作为合法的货币推行到全国。

5. 设立一个专家委员会去调查这些问题，并提出改革措施。

我相信，如果联合商会能采纳这些建议，并落到实处，那么商贸将会受益良多。

在我考察的时候，中国有这几家银行：

香港和上海汇丰银行	有利银行	宝兴银行	麦加利银行	通商银行	汇理银行	横滨正金银行	德华银行	道胜银行	法兰西银行
英国	英国	英国	英国	中国	中国	日本	德国	俄国	法国

第二十七章

贸易、条约和关税

迄今为止，在中国条约赋予外国商人的权利得不到保证；缴纳过关税和港口税费的货物，还要被非法征收税费。两者给外国贸易造成的障碍，大于政治变革造成的障碍。

英国能在中国获得如此多的商业利益，原因有三：一是英国签订的那些条约和关税协定；二是英国商人的勤奋努力；三是英国商人竞争力强，无论与中国商人相比，还是与外国商人相比，在竞争中都处于优势。但是，现在的情况却不利于我们了。外国人的努力和我们一样，中国又不严格遵守条约规定，签订过的条约发挥不了作用，这些开始影响我们的贸易。中国人的竞争，轮船的引进，改变了以前的商业环境，深深地影响了英国经济。中国人勤劳节俭、心灵手巧，是可怕的商业对手。为了保持英国贸易的优势地位，英国商人和国内的官员，必须对这些变化有清楚的认识。

我们必须开拓新的市场。中国本地产品已经抢占了部分市场，英国商人就应该发挥潜能，为自己的生意和英国贸易，寻找新的利益增长点。必须开发新的领域。我请商会注意中国的玻璃生产行业，因为中国现在只有一家玻璃工厂。另外，中国工厂与英国工厂竞争得越激烈，他们需要的机器就越多，那么，只要我们国内的机器制造工厂足够努力，订单就都属于英国。我们应该特别注意商品买卖市场，其中，有些生意是长期的买卖，有些则是暂时的生意。例如，棉产品和茶叶是长久的生意；但是，中国只是暂时需要军火和铁路器材，并且，一旦他们自己开始生产，我们的产品就卖不动了。不过，现在中国的铁路正在开发之中。我们已经接到一些铁路器材的订单，但是，订单的大部分却被美国人拿去了。我认为，英国的工厂现在首先要做的事是研究中国市场的特殊需求。关于这点，我在"唐山"那一章里，提了一些建议。

列强之间的政事纠纷，对贸易的影响要比预期中的小。整体上来说，中国的外贸在稳步增长。1898 年的海关统计数据，至今还没有公布，但是据行内人士说，数据是这样的：

进口总额是关平银 209000000 两，出口总额是 153000000 两，合计 362000000 两。

这个数据表明，相比于 1897 年，进口总额增加了 7000000 两，出口总额减少了 10000000 两。这也就证实了我在报告中强调的观点——没有安全保障，缺少信心，妨碍了贸易的发展。俄国占领北中国，德国占领胶州，法国占领越南东京，暂时还没有影响我们的贸易，因为以前开放的市场，现在还没有关闭。

相反，这些地方外国商人并不看重，主要是中国人在那里经营进口生意。因此，这些列强的行动，并没有影响那里的进口贸易；但是，要想促进这些地区的进口贸易，需要改善各国之间的沟通方式，完善运输设备。我们可以想到，在进口贸易方面，肯定会有危险，因为协议得不到落实，英国商人在关税方面经常受限制，极大地妨碍了贸易在未来的稳步发展。而出口贸易则完全不同，出口贸易几乎都由英国人掌握。不过，中国社会的动荡不安，阻碍了出口贸易自然增长的态势。我们预期 1898 年的出口贸易会增长，但是，内地的货物运不出来，致使 1898 年的对外贸易，虽然比前年多，但比 1897 年少了10000000 两。从中国的财富和我在报告中引用的数据来看，自1888 年以来，外国贸易增长了一倍。在我看来，如果在外部，一些强国能真诚地帮助中国；在内部，中国自己也进行改革；那么，未来十年，外国贸易的增长不仅仅是两倍。

把政治和经济混在一起，不是明智之举，但是在中国，这两个问题却不会截然分开。中国政府强大的政治影响，必定会有益于商业；一个强大和友好的中国，是贸易发展的保证。

然而，如果在中国实施门户开放政策，有两个重要的负面因素，我们不能忽视。所有条约，都签订了最惠国待遇条款，这就意味着，每个国家不能独自与中国谈判，获取利益或者获取赔偿。假如其他国家不通过威胁的手段，那么，他们与中国的私自协定不可能存在，对某个领域的垄断也会遭到大家的反对。

因此，假如东北还属于中国，也没有实施优惠铁路关税政策，那么，俄国的铁路就为各国贸易的增长，提供了方便设施，自己也从中受益。这是一个政治和经济问题交织在一起的例子。我们现在知道，俄国正在和中国海关谈判，要在俄国铁路沿线设立海关。德国也一样，准备在胶州设立海关。

中英两国签订各种条约，是为了促进贸易发展。但是，中国地方官员或多或少都有自主行事的权力，所以，在很多时候，他们就无视条约规定，非法征税，既耽误了货物的运输，也损害了贸易。由赫德先生掌管的中国海关总署，向进口中国的货物征收从价税，税率是5%。但是，由于中英两国的关税条约即将到期，所以，中国宣布要提高税率。

在中国的英国商人，不反对提高从价税。因为他们可以借此机会，提出关于外贸税收的所有问题，也可以借此机会纠正现在的乱收税问题。正如他们所说，在货物进港时多交点税，对贸易造成的伤害，要小于地方官员的乱收税、扣留货物对贸易造成的伤害。

中英之间的贸易，主要遵循以下几个条约：

1.《南京条约》——1842 年

2.《天津条约》——1858 年

3.《烟台条约》——1876 年

此外，还有一些关税协议，中英两国也是缔约者。从理论上来说，条约赋予我们的特权，在某些情况下有三十年没有兑现了。我们应当拥有的特权是下面这些。

《1842 年南京条约》

1842 年的南京条约规定："英国货物，一旦在通商口岸缴纳过固定的、合适的税费以后，就可以由中国商人运送到中国内陆各地。在途中，这些货物只需缴纳小部分子口税，且不能超过从价税的百分之几。"——《南京条约》第十条。

条约讲得很清楚：英国商品在通商口岸完税以后，只用再交一些子口税，就可以由中国人运输到内地，而子口税的百分比，已实施了好多年。

这些条约的筹划者最初目的是：英国的商品能自由进入条约第二条所规定的开放口岸；再多交一些费用，就可以进入那些未开放地区。然而，终于有一天，中国人开始利用这两个条款，在其他地方多设税关。1858 年，中英又讨论了这个问题，签订了一个新的条约。这个条约，被称为是在中国的英国商人的"大宪章"。这个条约就是：

《1858 年天津条约》

这个条约，涉及外贸特权的方方面面，但是，我们最关注的是第二十八条。

这条协议开头就写道："鉴于《南京条约》第十条，缴纳过关税的英国货物，运进内地时，除了需要缴纳子口税以外，不用再交任何费税。"接下来描述了英国商人的抱怨：货物所缴子口税没有定则，地方官员任意收税，因此，"现在英国商人要求，在内地到口岸之间，无论是进口货物还是出口货物，只用缴纳一次子口税。"

这条协议表示：出口货物只用在第一个税关缴纳子口税；进口货物只需在所到口岸缴税。协议还说明：子口税不能超过货物价值的 2.5%，并且：

"货物交过子口税以后，政府应该颁发完税证明——在其他任何地方，都不用再缴纳任何税费。"

这就解释得很清楚：在中国，外国商人所缴纳的合法税费，只有两种。一是一般的关税，二是子口税——涵盖了所有的进出口货物。

然而，《天津条约》的制定者额尔金勋爵，就这个无可挑剔的协议，在 1858 年 11 月，给英国外交部去函，我将部分内容摘录如下：

自今以后，无论是进口货物还是出口货物，交过子口税以后，在中国各地就无须再缴纳通行费、入市税等各项税费。我认为，这点对外国贸易非常重要。我到中国以后，听到了许多商团和商人的抱怨，因此，我致力于寻求一种方法，把子口税费固定下来，以代替现在的乱收费。……要想不干扰经济秩序，而设定一个好的子口交易制度，确实非常难，但是，这种子口贸易制度，对进出口贸易是一种非常有益的保护。

尽管如此，许多年来，中国官员却一直以各种名义和借口，向外国商人强征各种税费，主要是厘金税。这种税不但不合法，而且数目不固定，官员们随意勒索，因此它极大地妨害了贸易。并且，最大的困难是：在运输过程中，如果货物在外国人手里，还比较好；但是如果由中国买办来运输，他们则更难抵制这种税收。

1868 年，英国驻华大使阿礼国先生着手处理这件事情。他在给外交部的公函中讲：

> 按照条约规定，无论是进口还是出口货物，中国不应该额外多征税费。厘金税违反了条约规定。……中国政府能随意向外国贸易征税，是问题的主要原因，它对贸易利益至关重要。但是，这件事情，一个大使无权处理违背条约问题。

1868 年，大使还起草了一份公约，打算处理整个问题。他在文中谈道：按照《天津条约》，外国商人可以选择，缴纳一次子口税。但是协议有一个缺点：它规定，商人需要向领事申请子口单；为了所有商人的利益，各地子口税要用中英两种文字公示。换句话说，只要中国官员向领事呈交税单，他们还能向途中货物征税。留给商人们的只有一种选择，承担子口税，或者出示完税证明。

大使的公约打算解决这个问题，使所有货物在到达口岸以后，可以一次性缴纳所有费税，以后在各个通商口岸不用再缴税。很不幸，这份公约没有被认可。但是，它确实能解决问题。因为如果允许地方官员征收厘金税，他们就会像现在一样，不管货物是否交过子口税，一律征收厘金税。那些已交过子口税的商人，如果拒绝缴纳这种不合法的厘金税，那么，他们的货物就会被扣留或耽误，造成的损失比缴纳的厘金税还多。现在的税务总司赫德先生，和我谈过这个问题。他认为，阿礼国的建议很好："如果中国官员能遵守这个协议，那么子口单制度，将会发挥很好的作用。"

事实证明，阿礼国先生的努力失败了，收税乱象，层出不穷。贸易受到侵害，商人们抱怨不止。最常见的抱怨是：中国地方官员忽视条约规定，一直拒绝承认中国商人有运输子口单货物的权利。这就限制了贸易在开放口岸以外地区的发展。因此，为了解决这个问题，中英又签订了《烟台条约》。

《烟台条约》

第三条第四款规定：

"中国政府同意下列内容：按照一个原则统一制定子口税证明，所有口岸都一样；任何国籍的人，都可以购买和运输进口商品。内地商品运输到口岸，如果真正是为了出口到外国港口，按照条约规定，经英国公民证实后，途中只需缴纳一半子口税；否则，这些货物的子口税就不能被减免，这一点，可以通过子口税证明来查证。英国大使准备与总理衙门商讨这些协议，以防滋生弊端。附属关税协议第七条中的'内地'，是指那些没有对外通商的沿江沿海以及内陆地区，在这些地区运输进口商品，或者从这些地方购买本地商品，中国政府应提供保障，使些商品免遭勒索。"

第七款协议，把海关税则讲得同样清楚：进口货物，只要有子口税证明，不管运到那里，都不需另外缴税。然而，这条协议对出口贸易的规定，直接与《天津条约》相矛盾。《天津条约》规定，货物在通过第一个关口时缴纳子口税；而《烟台条约》却规定，货物在第一个关口只接受检查，到最后一个关口才缴税。这就为地方官员在途中的敲诈勒索，开了一扇方便之门，他们会说：这些商品没有缴税。这个协议还带来了一件麻烦事：商品如果没有在子口单规定的地方销售，容易被政府没收。

　　这条协议造成了这样的弊端：货物在运送途中，即使有销售机会，商人也不敢销货；运送途中，如果出现意外或遗失部分货物，就给了地方官一个绝佳的机会，去重罚那些商人。例如，大约在一年前，一位在梧州的美国商人按子口单贸易方式，运 2000 桶煤油到桂林。但是，当到达桂林附近的一个关口时，却被发现，货物比子口单上的数量少了二十桶。这可能是地方厘金税官设计的诡计，安排人从船上偷了二十箱货物。他这样做的目的，是为了在这个关口扣留货物，监禁中国押货员。他的根据是：按照第七条协议，货物少了二十桶，全部都应该被没收。拖了几个月后，事情才得到解决。由于这般耽误，那位美国商人失去了一个 120000 桶煤油的订单，还赔付给内地船主一大笔滞留费。

　　为了这件事，以及类似事件，1898 年，也就是在我考察之行前不久，总理衙门、海关税务总司和各驻华大使联名公示了新的《子口规则》。为了给联合商会提供信息，也为了便利那些关注中国市场的商人，我把这些新规则转录如下：

规则

1. 持有子口单的进口货物，从口岸运到单上注明的地方，其间只用缴纳一半子口税，不用再缴纳任何税费。

2. 当货物运到目的地时，注销子口单。

3. 全部货物，如果在到达目的地之前已销售完毕，那么，就在货物销售地注销子口单。

4. 如果货物在途中只是销售了一部分，那么到下一个关口，商人就必须向厘金官说明，货物销售在那里，卖了多少，都是什么样的商品。于是，当值的厘金税官就在子口单上盖印，随即放行，不得延误。

5. 距口岸最近的关口的官员，应严格按照规定去查验，决不允许用注销的子口单报运商品。

6. 在检查中，如果发现有重复使用子口单的情况，那么子口单上所报货物，将被没收充公。

我知道，联合商会知道这个消息，在中国的英国商人，也知道这个消息。但是，考虑到税则即将修改，我认为：自1842年到现在，通过签订条约，我们获得了许多权利，现在对其中的所有问题做一总结，是一种明智的做法；另外，一些商人没有时间翻阅条约和规则，去证实一些重要规定，做个总结，能使他们对一些问题一目了然。

新的规则非常好。但是，我也同意总税务司赫德先生的看法，这个规则没有完满地解决那个恼人的问题。要想解决这个问题，必须执行这样的规则：外商进口货物，只用在所到口岸交一次税；出口货物，只用在出口口岸交一次税。为了确保这些，中国必须对那些沿途勒索行为予以严厉打击。

违规费税

现在，厘金税是主要的违规税费——一种地方税，各地都有；有时候，一个省份的各地都有。除此之外，还有巡费（防卫税）、海口捐和落地税（目的地税）。

据说，政府征收厘金税，最初是为平息太平军筹饷。整个税收是为了勒索穷人、弱者和商人。它对贸易的发展来说，是一个实实在在的障碍。一旦开放了新商道，厘金税也就跟着来了。在很多地方，厘金税只是一个敲诈勒索的借口。由此看来，政府官员对外国人的转港货物征收厘金税，是一种违规行为。但是，令人奇怪的是，英国和德国政府却承认厘金税的合法地位，把七个厘金局的税收作为两国贷款的抵押。

这七个厘金局分别是：三个盐厘局——湖北的宜昌 、汉口，安徽的芜湖；四个普通货物厘局——江西的九江、苏州、上海和浙东东部。

这七处厘金局，估计每年可征税 5000000 两白银。

厘金税，不仅妨碍贸易，而且浪费人力财力。征收上来的厘金税交到政府手中的只有五分之一。为了逃避厘金税，商人们经常雇佣苦力，背运货物行走数公里，绕过厘金关卡，这就耽误了货运时间。

这里还有极为反常的事——内地税关和国家海关同在一处，各收各的税。即使进口商品已完税，这些税关，还要对那些购买外国商品的中国商人，课以重税。厘金税纯粹是一种坏制度。外国人进出口货物，要缴纳厘金税，这是一种损失，但是，各种延误和困难给商人造成的损失更大。

英国商人们的遭遇，引起了我对这个问题的关注——这些违规的税费，抑制了进口贸易，也给出口贸易带来了巨大损失。在中国的一位商人打算向伦敦发送一批货物，且逾期不交货就得赔偿。他面临的困难有两处：一是在未交货期间，汇率不定，会给他造成损失；除此之外，他还得向厘金局缴纳一大笔钱，以保证货物能按期交付。可以看出，这件事情有多严重。

在一些地方，商人们告诉我：官员们很清楚，商人们必须按期交货。所以，官员们也就不理睬子口单，押货员要么被敲一笔，要么耽误几个月。消息要很长时间才能传到海岸，然后，领事抗议，命令释放货物。这中间需要耽误几个月。下一次，负责运货的中国人就会主动交钱，以免耽误。英国商人需向运货人支付那笔钱。如果货价已定，那就增加运费；如果货价未定，那就提高货价。如果交货合同中已定好货价，那么，就严重地影响了利润率。如果持续施行现在的厘金制度，商人们准备向政府索要赔偿。他们认为，要想解决问题，仅仅得到道台的一个道歉没有用。对付这些事例中的官员，最好的办法就是攻击他们的钱袋子。对商人们来说，找领事投诉没有用，因为，那些买办和押货员不会在道台面前提供证据。如果这些买办和押货员提供了证据，厘金官就会向沿线关卡传达命令加以报复。英国商人们提出了一些改正措施：在子口单规定的区域内，只要一船货物，在厘金关卡被延误几个星期以后，领事就有权要求地方政府做出赔偿，然后把赔偿转移中国海关。商人们认为，如果能创设这种制度，马上就能制止现在的敲诈行为。因为政府会让地方官员支付罚款，这就能增加海关的收入；另外，地方上的道台也不会懈怠，他会努力搜寻违规人员，找回自己的损失。

有时，官员会以一些琐事为由，不开子口单。在我离开前六星期，一位莫里森先生向上海总领事布雷那先生申请一张子口单，运输绵羊皮。道台给了个牵强的理由——以前没运过此类货物，拒绝开子口单。布雷那先生给道台开了一个账单，要他赔偿延误生意所造成的损失。为了给道台一点教训，莫里森先生应该有权索赔精神和间接损失，那就不是 100 两，而是 1000 两银子。一般说来，这种事情会打击商人的进取心，然而，如果莫里森受到鼓励，并索赔成功，那么，将会有利于商贸，并促进其发展。

子口单制度并非一无是处，详情请见"镇江"那一章。新的规则极好，但还有需要完善的地方。当遇到问题时，我们应该先反省自己。条约上写得很清楚，但是英国贸易协会却放弃我们的权利，在 30 年前就承认落地税的合法性。对于厘金税，韦德大使签订了一个奇怪的附属协议——在租界和口岸征收厘金税是不合法行为，这就暗示，在这些区域之外，可以征收厘金税。这些条约和协议，相互矛盾。

法国人在中国南方，已着手改善税务制度，英国贸易也从中得利。不过，最近几年，北京英国使馆也在这方面努力，保护英国利益，现在已见成效。

其他税收中，落地税最令人厌烦。落地税由地方官承包，这也是他们敛财的门路，所以，他们无所不用其极。虽然落地税是一种目的地税，但是，货物没到目的地，官员们也征收落地税。

向出口商品征收落地税，对中国产品来说，是一种不幸。最近，茶叶贸易几乎停滞了。过重的税收，落后的种植方法，使茶叶生意日渐衰落。如果由外商投资，帮助经营，再引进先进的种植方法，茶叶贸易可能还有再兴之时。现在俄国正在自己国家的南部种植中国茶叶，并且，从中国驱逐了许多苦力帮助俄国种植茶叶。据说，这些苦力大多来自汉口地区，那里是一个巨大的茶叶中心。丝绸贸易也因税收过重而遭重创，日本正在与中国争利；棉农也日遭盘剥，将来棉花贸易必将衰落。

尽管这些税收由中国人承担，但是联合商会也要关注此事，因为，中国生产能力受损，不仅影响中国，也影响与她有贸易往来的任何国家。

中国还有一个妨害贸易的税收。那就是加在国内贸易上的税种——货物从一个口岸运到另一个口岸，需要缴纳物价的2.5%作为税收。

盐税是中国的另一个税源。如果中国想繁荣昌盛，必须改革盐税制度。盐税对贫穷阶层压榨很重，也耽误了中国盐业资源的开发。在报告的其他部分，我举过一些例子。在一个渔业城镇，那里的居民，以进口咸鱼作为日常饮食，因为进口咸鱼比自己腌制的咸鱼要便宜。食盐是生活必需品，特别在东方国家，更是一种必需品。如果需要，食盐可以作为一种税收来源，但是如果管理不当，民众就遭罪了。埃及在这方面的改革，中国可以借鉴。

对于土地税，外国人和中国人一直有怨言。改革土地税制度，修订税制，需征求外国人的意见。

对每一个问题，要从两个方面来考虑才比较合适。在讨论税制改革之前，我想先谈谈中国方面的情况。

妨碍税制改革的主要原因是：地方政府必须有财政来源，不要希望他们能马上废除厘金税和入市税。地方财政来源主要依靠厘金税。尽管《烟台条约》规定，中国人可以购买转港货物，且不用交税。但是，中国官员却认为：中国人利用条约逃避税收，使财源受损。要处理好这件事，只有充分满足中国官员的需要，才能希望贸易不受阻碍。

另外，还有一种情况。广州糖商用内地帆船把糖运往香港，然后从那里以外商名义转运至内地，声称这些货物可以免税。这就扰乱了子口单贸易，中国官员也因此而仇视整个子口单制度。因此，要想让子口单贸易运转良好，既要修改税制，明确规则；还要考虑中国的财政收入。

税制改革

中国与各国签订的条约，有效期不等，使税制改革问题变得非常复杂。为了保护英国商人，联合商会必须认识到，在税制改革方面，要与列强协商沟通才行。

假如中国能进一步开放市场，并辅以财政改革，那么，英国和其他国家，都不会反对增税。在不同的中国口岸，我和商人、商会都谈过这个问题，他们表示：愿意将现在的税收，从5%提高到10%或12%，甚至到15%。但是，税收增加到这个程度，那么，子口单制度就该被废除，所有货物到港时，只缴纳一次税收，其他费用全免。

联合商会应该注意到：现在的税，理论上是7.5%，其中5%是关税，2.5%是子口税；但是，商品还会被违规收税。因此，这就意味着，假如15%的税是全部的、最终的税款，那么，这也符合外国商人的长远利益。提高税点，对中国政府也有利：即使把增加部分转给地方官员，作为失去厘金税的补偿，政府也要比现在收到的多。进一步说，贸易的繁荣会使国家和地方政府的财政受益更多，因此，市场会更加开放，税率也会固定下来。

税制改革是外国商人所需，也是中国所需，但是，改革要辅以下列条件：

1. 为外国人开放更多口岸，扩大定居范围。

2. 取消内陆航运限制，开发国内铁路交通。

3. 外国商品按条约规定缴税后，中国政府保证不再多征税费。

他们还认识到，有些事虽然与税制问题没有直接关系，但也必须改革。这些情况，我在报告结尾的"评论"部分，有详细描述。我将把这些情况，反映给联合商会。如果修改条约，那就是给中国施加心理压力的最好时机，可以促使中国改善这些问题。中国政府需要资金维持行政开支；商人们也要从让步中收获回报。

税制改革中有一个重要问题，商人们不能忽视，那就是从价税。从价税是按照商品的固定价格征税。一些商品的价格下降了，还按照原先价格的5%征税，那商人就得多交钱，所以，在这种情况下，商品的利润率就没有了。

对中国人来说，在税制改革中，也有一个问题值得关注。中国官员抱怨，一些商人故意把货价报得很低。这种欺诈行为不仅影响海关的税收，也伤害了那些诚实的商人。海关官员应该设置一些检查手段，能查验货物的真实价格。

接下来的问题是：怎样修改条约，才能使双方都感到公平合理，才能满足商人的诉求？困难在于，一些条约的有效期还有好几年，这事就不容易处理。法国的条约和我们的一样，马上到期，但是日本条约的有效期还有 8 年，德国的还有 4 年。我的建议：对中国来说，比较合适的做法是，去劝说那些国家终止条约，然后和英法两国一起，与中国签订一个新的一般性商业条约。如果这个办法行不通，那唯一的办法就是延长英法两国条约的有效期，与其他国家的条约同时到期。那么，除非英法两国和其他条约未到期国家一样，共享最惠国待遇，否则，两国的税率会特别高。

我曾经和伊藤博文首相会面，他建议：要想令人满意，又能迅速解决税制改革问题，最好的办法是在中国召开一次大使会议。他认为，如果把这个问题提交给各国政府讨论，会引起许多不必要的麻烦。在场的这些大使，完全了解情况，政府应该委托他们，参与讨论，制定协议，然后把审议结果以条约草稿的形式递送各国政府。伊藤先生的建议，值得考虑。

商人们的建议是：为了达成共识，帮助大使，首先应该派一个领事委员会，到各口岸去征询商团的意见，然后制定规划。这个委员会，应该由中国官员、英国领事、其他欧洲国家的领事和一位英国商人组成。条约要公平地顾及所有国家的利益，但是，各国所得利益，要与他们贸易成比例。

比较中日两国的外贸，就可以描绘出外国贸易在中国的发展前景。日本与中国相比，自然资源贫乏。日本的人口只有42000000，而中国的人口是400000000。去年的外贸总额，日本是444000000元，中国是495000000元。

最后，必须谈谈我在中国会见过的那些英国商人。他们的商业理念丰富而完善。我发现，商业竞争并不会使他们情绪不安。相反，他们经常对我说，他们的方法很成功；在公平的环境下，不担心其他国家的竞争。但是，他们低估了竞争对手所能造成的影响，这些影响要比他们平常抱怨的多。

总结一下，这几点商人们要特别留意：

1. 英国制造商要注意，这里有许多新市场，特别是——玻璃、工具钢、钢缆、电气设备、铁路设备、采矿机械、采矿所用的烈性炸药，以及其他各种机械。

2. 落实条约赋予的各种权利，阻止各种违规征税。

3. 改革税制的同时，必须改革财政和其他制度。

4. 财政和其他改革，必须有利于贸易和商业，且必须贯彻到整个中国。

5. 帮助中国重组军事力量，维护国家治安，否则贸易就得不到保障。

中国目前在外交、财政和商业方面面临着诸多困难。英国贸易，以前在中国占有主导地位，现在则面临着许多竞争，经受着不利的政治影响。现在，英国贸易在中国外贸中的比重是64%，为了维持这种势头，并进一步发展，那么，英国商人们就要全力以赴，确保英国贸易在中国的优势地位。

第二十八章

总　结

回顾这篇报告，主要观点有以下几个：

1. 为英国商人在中国的资产提供安全保证。

2. 为商人进一步的投资，直接提供必要的安全保证。

3. 商人们缺少安全感，主要是因为中国政府的腐败无能，中国社会的动荡不安。

4. 列强的压力，导致中国快速走向分裂。中国对这些压力，既无力拒绝，也无力反抗。这些压力促使政府垮台。

5. 中国有 4 亿人口，面积和欧洲一样大。一旦发生大的变革，后果难以设想。对欧洲贸易是一场灾难，而且，现在的那些战舰，不会有任何作用。

6. 中国政局不稳，如果现任政府垮台，不知将来的政府，还能否遵守我们与总理衙门之间的合同与协议。

7. 商人们担心：现在的欧洲各国，有致力于贸易者，有致力于占领领土者。如果采用势力范围政策，将危及贸易扩张，容易引发战争，加快中国的分裂和衰败。

8. 在中国的英国商人都担心，一些国家声称自己的利益受到侵犯，要向政府索赔，然后采取势力范围政策，那么门户开放政策则彻底无望实现。

9. 中国北部发生的政治事件，有损英国的威望。

这些总结，代表了各国商人和中国人的观点。我认为，它们值得联合商会好好关注。对于以上观点，我有这样的看法：

关于第二点，我认为，在中国的投资越多，商人们要求本国政府提供保障的呼声会越多。

关于第三点，我认为，大多数中国人还是诚实、聪明的生意人；只是传统的行政手段，导致了贪污腐败，而且那些忠诚正直的官员没能进入政府。发生暴乱，是因为缺乏合适的军队与警察。

关于第四点，我的感受很强烈。英国在保护弱小方面，素来引以为傲。但是在中国，英国默许别国采取分裂中国的政策，使荣誉受损。我认为，一艘折断了桅杆的帆船，虽然船上的木板依然坚实，但是一般的救援者，只会采用拆船的策略。而真正的水手，会把船只拖进船坞加以修复，让它重新起航。

关于第五点，在我看来，只有一个补救措施：维持中国的完整；彻底重组整个中国的军队和警察，为所有国家的贸易提供安全保障。而中国要想做到这些事情，只能由其他国家来帮忙。但是，一些有能力提供帮助的国家，却裹足不前，究其缘由，一是对中国的恢复能力缺乏信心，一是担心邻国的意见。完全出于敬意，我建议：英国在中国有大量的利益，她为什么不能像赫德先生组织中国海关那样，领导和协调各利益攸关方，积极组建中国的军队和警察？如果一个国家在中国获得优势，而招致其余国家的嫉妒。为什么不预先做出安排，让那些国家明白：各国所做的工作，像戈登将军和亨特先生一样，都是为中国服务；那个国家唯一的目标，只是为了维持中国的完整，保护欧洲商人的生命和财产安全。

在这个问题上，如果一些国家拒绝合作，我们应该这样回答：英国在埃及曾处理过与此相似的问题；这样的拒绝，阻挡不了四个贸易大国，在危难时刻去拯救中国政府和他们自己贸易的行动。

如果有人说中国太弱，太腐败，拯救无望。我会认为，这不是实际情况。传统的官僚制度很腐败；但是，中国人民很诚实。中国商人的信誉，在东方有口皆碑。中国人还有崇拜权力的传统，他们需要的只是一个秉公执法的好政府。

如果有人认为整改中国防务代价太高，从而反对我的建议。那么，我会这样回答：中国现在用在防务上的资金如果能真正落到实处，足够支付整顿军队的开支，不用欧洲人出一分钱。我曾经计算过，中国目前的财力，足够组建高效的军队和警察队伍。中国的问题不在于税收过高，而在于征收的方法不好，以及官员大批挪用财政资金。如果实施势力范围策略，那么，必将招致各国相互敌对，各设防区，从而增加关税负担空耗钱财，甚至会引起流血冲突。如果欧洲列强用错误的方法，来守护和管理一个国家的庞大地区，并且，这里绝对充满了对外国人和外来统治的仇视，欧洲人将付出多大的代价？中国是一个保守的国家。中国有四千年的历史，在中国人中间，自然对外人有偏见。

势力范围政策必定会削弱中国政府的中央集权，由此，各国分区而治，相互敌对，和平的工作和生活环境也就不可能存在了。

一些国家有名义上的势力范围，比如德国在山东，俄国在东北。在这些地方，中国政府好似存在，实则无权。但是，一旦人民意识到政府的无能，那么，混乱、暴动，各种流血事件就会接连发生。分裂中国，划分势力范围，那么，欧洲各国必然会相互开战。有四亿人口的这样一个大国，如果发生变革，肯定是大事件。但是，在一些人看来，中国的变革只用大笔一挥即可完成，这让人感到惊讶。

可能有人会说，我们以前在中国签订了许多条约和协议，只要坚持实行就可以了。如果是这样，我会这样回答：我们应该修订这些协议了，因为那时中国还强，能够为协议提供安全保障，但是现在，中国变弱了。由于中国变弱，中国与邻居的双边关系，已完全发生变化。据说，疲弱的中国所面临的危险，来自邻国们的嫉妒，这些国家正等着从中国分割财产。支付一些小额赔偿，可以暂时缓解这些嫉妒，但是，这些花费会没完没了，中国也就越来越弱，最终各自就会划分势力范围，这将导致大量的欧洲国家直接兵戎相见。

关于第八点，我不能一再重复：在中国的每一位商人都确信，门户开放政策，或机会均等政策，是唯一可行的政策，对贸易的发展意义重大。然而，仅从理论上阐明这一问题没什么用。我们必须用行动来说话。把门打开了，但是不能保证里面的良好秩序，也没有用。要想保证门户开放，必须维护中国的完整。而要想维护中国的完整，就必须组建中国的军队，以维持秩序。无论各国国内的外交家采用何种财政政策，有一点必须让他们明白——在中国境内的所有国家的商人，完全一致地赞同门户开放政策。在中国，商会会员来自各个国家，中国协会纯粹是英国人的组织，但是前者完全支持后者的决议。政客和商人的目的不同，达到目的的手段也不同。政客可能为了取得明显优势，而采用威慑手段，但是这样做会严重地危及到和平与发展——发展贸易的必备条件。一些国家，弱于贸易，强于外交；一些国家，强于贸易，弱于外交；前者的领土扩张行动，势必破坏后者的经济。

另有一个重要问题。一些条约即将到期，中国可能会对外国货物增税。如果真是这样，那么中国必须给予欧洲各国以相应的赔偿。此外，如果欧洲各国共同合作，同意按照前述建议，维持中国的完整，那么，中国也要给我们相应的回报。

欧洲各国，应该坚决要求中国，在管理和财政方面进行改革。这些改革，对中国很重要，对外国商人也同样重要。这些改革包括：

1. 统一全国货币制度。

2. 改革土地税的征收方法。

3. 取消对粮食出口的限制。

4. 改革盐业专营制度。

5. 允许外国人定居内地，从事贸易活动。

6. 对商标和版权，要登记和保护。

7. 取消其余内河航行限制。

8. 取消厘金税，或者改革当前厘金制度，外国货物只用缴一次厘金即可。

9. 为真正的企业集团提供便利，开发矿产。

10. 设立财政、铁路、航运、公路、邮政、电报管理部门，再设立一个处理所有贸易问题的部门。所有这些部门必须快速成立。特别是邮政和电报服务，现在的机构，虽说是依法设立，但其实就是一个负责敲诈的部门。外国商人不断抱怨，现在的服务靠不住：除非是在注册过的开放口岸，否则，各地之间的信件从不安全。现在的电报服务也很糟，从天津向上海发一份电报，速度还没信件邮递的速度快。在北京的《泰晤士报》记者告诉我，从北京向上海和从北京向伦敦发电报，花费一样多。

11. 另外还须设立一个贸易情报部，以发展经济为目的，处理与本地产品有关的科学和应用问题。这样就能开发中国产品的经济效益。在中国，应该像在印度一样，对产品采取科学的分类方法。

我认为，联合商会应该提醒英国的商业培训中心，在培养那些打算到中国工作的年轻人时，要教他们学汉语。德国和美国人已经这样做了。

我认为，未来的问题是：难道世界上最大的贸易国，能任由那些只知扩张领土的国家阻碍贸易，关闭门户开放的大门？

关于英国在中国的贸易，现在没有什么损失，但是，我们的优势地位受到严重威胁。我们不能一直依靠过去的成绩。我们不希望能拥有一切，但是，只要我们获得平等的机会，我们会做得更好。

如果有人说，我的重组中国军队和警察的策略是一种好战的表现。我会这样回答：至今为止，这是能保证和平的唯一策略。英国之所以能维护和平，是因为英国有强大的舰队。没有和平的环境，就谈不上贸易的发展。政府有军事力量，才能维护和平。我们在中国的选择很简单——要么分裂中国，要么重建中国。

附　录

1898 年 8 月 1 日，联合商会主席斯坦福德百诺斯科特致贝思福的信

亲爱的贝思福先生，您应该知道，联合商会对英国贸易在中国的发展甚为关切。

作为联合商会主席，我应该尽全力促进英国商业在中国的发展。

对我来说，联合商会面临一个重要的问题：就英国商人的资产在中国的安全保证，收集一些确切信息。

人们普遍认为，中国充满商机，但是，我个人对这个看法有点怀疑——中国社会治安和军队管理的效率，能否给那些商业投资提供足够的安全保障。

我认为，就这个问题，如果能从可靠的机构那里获得一份全面的报告，将会对其他国家的商人非常有益。

为了联合商会的利益，我需要一份来源于非官方信息的报告。

同时，我们所委任的代表，必须具备一定资格。他必须有足够的声望，保证能够获得所有的信息资源。并且，我喜欢让有海军或陆军经历的军官去做此事。因此，就像我曾经所说：我所关注的问题是中国政府能否为外国商人提供足够的保护，以及这些保护的有效性如何。

因此，我想询问一下，您是否能尽早动身，前往中国进行考察；能否就此问题，和您认为对联合商会有利的其他问题，写一份报告。

联合商会上海分会纪要

（1898 年 10 月 6 日）

先生您好：

我代表联合商会上海分会，欢迎您到中国来，不仅因为您的中国之行，将会全面促进英国贸易在中国的发展；而且因为您个人能力出众，考察结果将具有很强的说服力。

您来中国之前，肯定和联合商会总会交流过意见，想必您也知道，商会的工作职责——凡与英国贸易相关的情况，无论是政务还是商务，我们都要向总会呈报、陈述，以供参考。另外，您也一定知道，我们现在主要关注的问题是什么。我们请求与您会晤，是考虑到，您愿意在访问北京之前，了解我们对北京事件的一些看法。

不必说我们正在积极关注北京事件的进一步发展。我们现在仍然没有足够的信息，来判断北京事件的结果会怎样，但是，从表面看来，此事的结果不符合英国的目的和利益。就我们所知，中国的新党致力于进步和改革，其实，不管怎么说，目前英国的利益也在于这些改革。但是，这个改革破产了，而我们认为是顽固腐败的旧政权现在又复兴了。这件事会对中国造成何种普遍影响，现在还很难说，但是，新运动的理念已经在全国流行。不仅大量民众接受了这种理念，而且，许多有见识的高官，也接受了这个理念。这种理念，太容易激发中国人的反抗情绪，实际上，南方一些省份的反抗行动，已到了令人吃惊的程度。在这次事件中，受到镇压的主要是广东人，所以，南方地区的反叛会更加坚决。不用细想，我们也能得出结论：这种内部问题引起的灾难，必定会影响商业，而英国在中国的商务又最繁盛，所以，英国的利益必定受损。

1858 年签订的《天津条约》即将到期，中国将修改这个条约，这是我们巨大的商业利益正在面临的一个问题；特别是，中国政府修改条约的目的是要大幅增加关税。在华英商一直以来也同意修改税法。但是，与此同时，他们一致认为，如果中国确实要在口岸增收关税，那么，中国政府必须提供足够的安全保障，并且确实按照条约规定，货物一旦在海关缴税后，中国不能在内地违规收税，因为中国政府向来无视条约。这次会晤不可能就这个复杂的问题，讨论更多细节。详细情况已经向联合商会做过汇报，想必阁下可能已经看过。迄今为止，要想平息商人们的抱怨，首先要做的事，是改革中国的财政制度。但是，如何实施这件事，多年来一直是个难题。做这件事要面对许多困难：地方政府存在大量腐败现象，但是外国人与他们的交往受限，所以我们无法检查他们。另外，由于中国实际上是各省自治，干涉各地的违规收税，就意味着各省的财政收入会减少，地方政府肯定不会同意税改。因此，中国要加税，我们要求废除不合理的税法，就必须考虑，在政府的税收之外，充分满足地方政府的合理需求。联合商会也一直在考虑这个问题。然而，我们提到的这些难题，由于近几年中国情况的变化，出现了一些新情况。中日之战，拆穿了中国貌似强大的幻象，现在她不得不质押内地厘金税以偿外债。这似乎是外国人干涉中国内部事务的好机会。在中国加税之前，联合商会务必要提出以下改革要求：

1. 扩展外商的居住和经商范围。

2. 通过修筑铁路开放内地交通；开放所有水路，准许自由航行。

3. 中国政府应该保证，货物在缴纳过条约规定的税收以后，不再被征收任何税费。

这些要求中，关于开放内地交通已经试行。大使也应该知道，外商已经可以在内河自由航行了。然而，要想充分发挥内河航运的作用，就必须允许外商到内地居住；允许外商在内地开设货栈，自由经营；外商货船所运货物能得到保护。否则，这种自由航行，只是方便了过往乘客，对贸易没什么用。铁路的情况与此相似。现在，来自欧洲和美国的投资者，好像在争抢所谓的"特许权"，其实，不能真正地掌控和管理这些资源，结果会令他们失望。中国人管理铁路会跟其他领域一样充斥腐败，所以，应该坚持由外国人独自经营，或者与华人合作经营，并且，要求政府为投资和利息作保。与此相关，外商必须获得内地居住权，铁路所运货物必须能得到保护。那些在中国获得特许权，从而希望能到本国筹资，获得利润的外国商人，可能需要一些人的经验。这些人深悉中国社会，知道各个行业的利弊。

关于第三条建议，可以通过扩展中国海关总税务司的业务范围，来保证条约规定的税法，这是中国最可靠的财政来源。在这方面，已经有个很好的开端，长江流域已经开始施行这种办法，这些地方的厘金税，已由海关收取。热切期盼这种方法能在各地推广，特别是在广东、广西两省，这两个地方的违约征税最严重。

总结一下这些问题，我们认为：中国只有准许外国人在内地居住、经商；为外商在中国的投资提供担保；进行财政改革，取消违规收税，我们才能允许她增加关税。

为了促进和保护英国的商业利益，联合商会一再强调，政府应该任命一位商务专员，或者专员到中国来。因为领事们事务繁忙，并且在固定的地方任职，因此，英国大量的通商事务，他们就处理不了。此外，我们应该不会忘记，在中国还有许多意想不到的困难。关于此事，英国政府也曾任命过专员一职，由上海总领事兼任，事实证明不起作用。我们曾多次说明，一位商务专员，应该具备这样的条件：职位足够高，能得到地方高官的重视和尊重；能随意到中国任何地方去处置事务而不受阻碍；能经常与中国和本国官员保持往来。两年前，本分会在和总部的交流中提到：政府指派的商务专员不能为官场琐事所累，能理解提升和促进中国的改革计划，同时能为英国的商贸和英国的长远发展谋利益。今天，我们再次重申这个观点，但是，去年北京发生政变以来，信息收集一事变得非常困难。因此，我们希望能设立一个机构，专门负责收集商业信息。就我们所知，尽管英国在中国有大量投资，但是，没有在中国设置与情报局相似的机构。我们认为，设立这样一个机构，会极大地促进驻华大使的工作。

在这样一个会晤中，对于有益于中英双方的改革问题，不可能谈及所有细节。不过，财政改革是首要之事。因为，整个中国官场，到处都充斥着贪污腐败现象。最近，贾米森和布雷南先生发表了一份报告，其中包含了官方记录的腐败现象。中国一直处在封闭的环境中，如果环境不变，她还能维持几十年。然而现在环境变了，西方国家已经进入中国，中国如果不与西方国家的理念相一致，那么等待她的只有失败。对于中国，我们主张的改革措施有：统一全国货币；改革土地税的征收方式；取消粮食出口禁令；修改盐业专营法规；规范贸易市场，为市场商品提供过保护，保护知识产权；建立铁路和矿产管理机构，统一组织和管理相关公司。

这个场合，我们不谈发生在中国的政治问题，也不批评英国在这些事上的做法。不过，英国的政策不稳定，我们感到很遗憾。我们好像放弃了保全中国的政策，丢弃了门户开放政策，转而赞成势力范围政策。我们认为，长期以来，英国政府都在忽视中国事务，原因有二：一是误认为英国在远东的优势地位不可动摇；二是认为中国的力量不可靠。由此，英国在采取政策上，就犹豫不定，这就使我们处于两头不落好的尴尬境地。其实，无论什么地方，只要英国的贸易占优势，那就是英国的"势力范围"；门户开放政策，就是机会均等的政策。但是，英国政府在这些政策上犹豫不决，北京委员会也同样如此。关于这些事，阁下在中国考察过后，肯定会得出自己的结论。愿您的考察能顺利进行，也能有益于英国在远东的利益。

1898 年 10 月 4 日，上海商会主席 L. J. 达钦先生

上海商会纪要

(1898 年 10 月 7 日)

阁下您好：

我代表上海商会总会，欢迎您的到来。

上海商会总会是所有国家的代表机构。我们欢迎您代表英国商会来到中国。毫无疑问，最惠国待遇条款是我们坚持的原则，所有国家在商业协议面前一律平等。这是设立上海商会的初衷，多年来，我们也一直在坚持这个原则。

我们不打算麻烦阁下来评论那些条约，仅仅是一起回顾一

下中国遵守条约的情况。商会在报告和调查中，已经说明了厘金税和落地税的情况。现在，只有联合各种力量，采取实质性行动，才能再把条约落到实处，而不是在技术层面做解释。

我们对当前关税的意见已经写在 1896 年地方委员会的报告中。我们的秘书德拉蒙德·哈伊先生会把这份报告呈交给您。在我们看来，尽管这份报告当时还比较完善，但是，现在却需要修改，并且我们知道，英国大使将首先致力于此事。不过，我们认为，在修订这些条约之前，应该召集一些领事、海关和商人代表，举行一次圆桌会议共同协商一些问题。

如果中国能保证不在内地违规征税，那么，所有国家都同意增加关税。而且，我们大家都知道，这样做带来的好处是什么。

另一方面，如果真正为中国的利益着想，必须减少对出口商品所征收的各种税收。

作为一个国际性的协会，我们不谈政治问题。从各国的商业利益出发，我们不主张势力范围策略；各国权利平等、机会均等，才是我们一贯坚持的策略。

我们本来不打算与阁下讨论政治问题，但是，我们意识到，处理中国问题，政治比商业更重要。我们不得不放弃在西方的一些文明做法和惯例而依靠政治力量，但这不是对商业心存偏见，而是为了更好地维护商业利益。如果您仔细看看我们商会这几十年来的所作所为，就会承认，我们的着力之处还是在贸易上。

因此，如何处理我们提到的这些问题，请容许我们为阁下举几个例子。

您可能听说过吴淞口沙滩。近年来，虽然各国船只的数量增长了很多，不过，中国政府强征的吨钞税也有数百万。本商会也曾筹集资金，设计方案，以维护这个重要口岸的河道——长江和黄浦江。但是，改善、修补河道，花费资金这些事，应该由我们自己做主。因此，我们需要由商人和船主代表，伙同领事和海关官员，在这里成立一个疏浚局，疏浚河道费用由外国商人和船主承担。总之，就像对货物征税问题一样，无论何国、何人都应该认识到，权利和义务密不可分。

在吨钞税的使用方面，我们再给您说一件事。多年以来，中国征收的吨钞税有十分之三没有按照条约的规定来使用。我们认为，管理海港、修建灯塔也是合理的花费，但是，这些资金来源于航运，就应该为航运服务。因此，这些税收的主要用途，应该是维护河道。

还有相似的例子。我们代表所有外来国家，向市政当局提出要求扩展租界。这是一件重要的事，我们却感到很郁闷。划定于五十年前的租界，大约宽 1.5 英里，长 1.25 英里，现在已不够用。不过，现在外国人的居住和活动范围，已沿着当年的界线，向外扩展了四到五英里。这些地区，尽管我们已经花钱修过道路，其中依然有数不清的臭水沟，整天散发出难闻的气味。

中国人回复说，划拨的地方，足够外国人单独使用。这种回答很荒谬！如果我们这样做的话，租界内应该没有乡村小道，也没有乡村别墅，什么都没有。仅像广州沙面那样，被大量依靠外国人谋生的本地人包围，成了一处囚禁外国人的监狱，而且，会比贫民窟更糟，比我们现在居住的地方，在卫生和社会秩序方面遇到的危险更多。我们不仅需要把静安寺和杨浦地区划成租界，而且，浦东也要划到租界内。在那里，从董家渡往下到港界，外国人已经修建了许多码头、船坞和工厂。这些都不在市政管辖范围内，令人难以想象。今年 6 月，我们召开了一次公众会议，商讨扩展租界。会议报告中附有卫生医疗新闻，一并呈送给您，希望您在百忙之中，予以关注。

主席　查尔斯·奥尔福德

天津商会纪要

1898 年 10 月 24 日

贝思福海军少将，代表英国联合商会到中国来考察，为了欢迎将军的到来，天津商会举行了这次会议。天津商会一致希望将如下决议传达给您：保证实施门户开放、机会均等政策，维护中国的完整，为所有国家提供贸易便利，对所有在中国的外商来说，是最好和最有效的策略。并且，我们希望您能将这个决议转呈给英国联合商会。

W. W. 迪金森（商会主席）约翰·H. 奥斯本（秘书）等

牛庄会议

1898 年 11 月 7 日

阁下您好：今天上午，英国商人召开了一次会议，经过充分和自由的讨论，我们一致通过了一些决议，很高兴能将两份决议副本随函附送给您。

另外，请您将其中一份决议，转呈给索尔兹伯里勋爵，并就其中内容，与勋爵交流意见。

会议主席 J. J. 弗雷德里克·班迪诺致贝思福海军上将

决议

1898 年 11 月 7 日，在北中国牛庄的英国商人，一致通过这份决议。

我们主张：

1. 在辽河北岸，也就是现在租界的对岸，设立租界。

2. 在城内东段，建立一个外国公共租界。

3. 获得在口岸内陆购买土地的权利；准许我们采用自己的机器，开设缫丝厂或其他类似工厂。

4. 准许开发东三省的矿产资源。在这方面，英国人所享有的权利，要和中国人和其他外国人的一样。

5. 维护我们在内陆的通航权，准许在河岸的任何城镇和村庄停泊船只，并且，在中国的任何河流我们都享有这种权利。

6. 严格按照《天津条约》和 1891 年的公告，维护新教传教士和信徒的权利和财产。

7. 像以前在重庆一样，在吉林永久派驻英国领事。

8. 我们强烈反对任何国家对牛庄或东三省的吞并行为，希望英国政府坚守门户开放政策。

9. 俄国运送的铁路物资，不用接受检查，也不用交税，他们还声称自己有这种权利。对此，我们表示反对。应该注意的是，中国政府已经将关税抵押给了英国人，以偿还借款，那么，俄国这样做，会减少英国的收益。

10. 俄国像在吉林一样，在东三省到处驻军，我们深感恐惧。

11. 俄国在牛庄的贸易日渐繁盛，可能会出现一些比较复杂的情况，需要两国领事相互协调处理，所以，俄国应该往牛庄派驻领事。

12. 这份决议，由会议主席呈送给贝思福先生，并请先生转呈一份副本给索尔兹伯里勋爵。另外，我们还呈送给英国驻华大使一份。

会议主席 J. J. 弗雷德里克·班迪诺

上海商会总会来函

1898 年 11 月 16 日

阁下您好，很荣幸能告诉您，我们已经通过了一份决议，其内容在最近的会谈中，我们口头表达过，现将决议以书面形式正式通报给您：

我们认为，为了维护中外各国的贸易利益，应该以现有的条约为准，保证各国权利平等，反对任何国家在中国任何地方独享特权。此外，如果个别国家获得某种商贸特权，其他国家也应该利益均沾。

秘书　德拉蒙德·哈伊

镇江商会纪要

1898 年 11 月 22 日

商会提出如下建议：

1. 严格执行内地航行章程。

2. 准许外国人到内地居住，在开放口岸附近自由经商和购买土地。

3. 改善江西境内关卡，减少贸易障碍，特别是大运河上的"坏关"。

4. 修改长江航运章程。

5. 英国领事们要诚心合作，促进英国贸易发展，保护英国利益。

九江商会来函及纪要

1898 年 11 月 25 日

阁下您好：作为商会和其他英国居民的代表，我奉命为您服务。谢谢您到九江来考察，希望借您在议会和政府中的影响力，扩展英国居民在长江流域的特权。

英国公民希望：

1. 在内地，特别是在茶叶种植区，能够自由开设工厂。

2. 在开发矿产方面，获得和华商一样的优惠条件。

3. 在内地以及其他所有地方，承认传教士和信徒的信教自由权利。

4. 英国公民在中国的所有合法事业，都应该受到充分保护。

5. 对法、俄两国在中国中部和西部地区的行动，应特别留意。尤其需要关注的是，法国已在西部驻军，还正在修建一条铁路，这条铁路将贯穿中部地区和俄国在北部的势力范围。

6. 英国海军应该长期驻守在长江上，以表明保护自己利益的意图。

7. 在湖南全境内的贸易和传教事业，应该得到充分保护；并在湖南省会长沙派驻领事。

8. 英美两国在通商和传教方面，应该达成共识并采取行动，反对封闭，保证中国的开放。

我们在长江流域的权利，已得到中国政府承认，居住在这个地区的英国人强烈要求英国政府，确保自己在这一地区的影响力，因为这里有无限的商机和无穷的资源。

我衷心期望，阁下的远东之行能促进传教事业，以及各种西方文明在中国快速发展。

代表团主席 爱德华·S. 利特尔

汉口商会来函及纪要

1898 年 12 月 5 日

阁下您好，汉口租界的商人召开了一次会议，一致通过了一份决议，现将我们的建议呈递给您。这些建议对我们很重要，希望能引起英国政府的注意。

商会主席 C. E. 格迪斯

汉口商会在 1898 年 12 月 3 日召开了一次会议，通过了如下决议：

1. 我们认为，英国政府的政策缺少稳定性，致使中国政局处于动荡之中，中国商人无法正常经商。当地政府失去了厘金税这个财政来源，变得非常拮据，不能有效维持治安。一般人认为，现在之所以没有大规模的暴动，是因为民众缺少一个领头人。因此，地方官员已经不能保证我们现在的安全，也不能为将来的贸易发展提供保障。我们希望英国政府能够为她在中国的公民提供保护。

2. 当前最重要的事是开放长江水路，以及长江重要支流水路，如洞庭湖等；并且严格实施门户开放政策，以利于所有国家。该地区的大城市，应该像通商口岸一样，允许外国人经商和居住。在长沙设立领事机构，使它成为通商口岸，这是确保我们在湖南省地位的重要手段。

3. 自 1861 年汉口开埠以来，英国公民时常在中国划定的租界之外购买土地。实际上，这些土地都在领事馆登记过，契约上盖有领事的印章。自从中日甲午战争之后，中国国势衰落，法国和俄国政府乘机侵犯英国人的土地，给英国公民造成很大损失。英国商人就此事提出申诉，法国和俄国领事却置之不理。这样一来，在中国人眼里，英国领事的印章就没什么效用了，这严重影响了英国在本地的利益。并且，现在的中国官员拒绝登记英国领事派发的契约，但是，对于法国和俄国领事派发的契约却来者不拒。

商会主席 C. E. 格迪斯

福州商会纪要

1898 年 12 月 22 日

福州商会总会，期望利用您访问此地的机会，向您呈递我们的一些观点。这些观点也是其他商会的心声：

1. 所谓"势力范围"政策，将严重影响英国在中国的商贸利益。

2. 我们诚心希望，英国政府能坚持门户开放政策。

3. 为了保证所有国家都能从门户开放政策中获利，必须维持中国的完整。

厦门商会来函

1898 年 12 月 23 日

阁下您好，今天上午，商会召开了一次会议，全体会员一致通过了一份决议，很荣幸能将如下决议呈送给您：

1. 要想使英国贸易在厦门更加繁荣，英商必须获得在内陆的居住权；并且，要么废除厘金税，要么只用缴付一次。

2. 感谢联合商会，派遣代表到中国考察商务，感谢阁下参加我们的会议。希望阁下的中国之行，能大力促进英国贸易的发展。

秘书 J. J. 邓恩

汕头会议

1898 年 12 月 24 日

这次会议，使我们相信，英国政府将会采取有力措施，以维护和提升在中国的地位和影响。

上海外商总会

1899 年 1 月 8 日

贝思福上将到中国来，深入调查了各国的贸易境况，使我们受益匪浅，对此我们表示衷心感谢。

英国商人的观点，在广州、芜湖和烟台的备忘录中也有体现。

贸易数据概要

下面是我对中国各地贸易数据的一个总结，这些数字在各章标题中都出现过。我在 1899 年初就离开了中国，所以，未能获得 1898 年的数据。另外，英国在各地贸易中所占的比例，我也统计不出来。不过，就承担进出口货运总量来讲，英国占64%，美国占18%；其余的国家占18%，其中日本的份额最多，其次是德国。

商埠	居民人数（人）	1897年贸易总额（两）	1897年进出口货物总额（吨）	1897年英国承运货物数量（吨）
天津	1000000	55059017	1326663	574177
牛庄	60000	26358671	730964	363922
烟台	32876	22051976	2358301	1327559
汉口	800370	49720630	1783042	1109853
九江	53101	14865563	2656552	2004298
芜湖	79275	8888361	2867485	2159307
镇江	135220	24145341	3535739	2353702
上海	405000	101832962	7969674	4591851
福州	636351	13556494	641795	470239
厦门	96370	12973616	1727251	1417135
汕头	40216	28398001	1917027	1655864
广州	1600424	49934391	3718064	3000571
梧州	50000	1912711	52188	41402
香港	246880	50000000英镑	15565843	8268770
南京	150000			
北京	1300000			
威海卫	4000			

中国度量衡单位换算表

16两＝1斤

1斤＝1镑（英制）

100斤＝1担

1担＝133磅（英制）

75 斤 = 100 磅（英制）

6 亩 = 1 英亩

3.3 里 = 1 英里

1 两关平银（1897 年）= 2 先令 11 便士 = 0.72 美元

图书在版编目（CIP）数据

贝思福考察记／韩成才译著．—北京：中国文史
出版社，2018.8
ISBN 978－7－5205－0478－2

Ⅰ．①贝… Ⅱ．①韩… Ⅲ．①中国历史—史料—
1898－1899 Ⅳ．①K250.6

中国版本图书馆 CIP 数据核字（2018）第 187806 号

责任编辑：李军政

出版发行：中国文史出版社
社　　　址：北京市西城区太平桥大街 23 号　　邮编：100811
电　　　话：010－66173572　66168268　66192736（发行部）
传　　　真：010－66192703
印　　　装：北京地大彩印有限公司
经　　　销：全国新华书店
开　　　本：710×1020　1/16
印　　　张：24.25
字　　　数：250 千字
版　　　次：2018 年 8 月北京第 1 版
印　　　次：2018 年 8 月第 1 次印刷
定　　　价：69.00 元